I0673413

Adonis &
Pierre Joris

Conversations
in the Pyrenees

Adonis &
Pierre Joris

Conversations
in the Pyrenees

TRANSLATED BY

Pierre Joris, Rainer J. Hanshe, Peter Cockelbergh

Contra Mundum Press   New York · London · Melbourne

Conversations in the Pyrenees
© 2018 Adonis & Pierre Joris;
translation © 2017 Pierre Joris,
Rainer J. Hanshe, Peter Cockelbergh

First Contra Mundum Press
edition 2018.

Library of Congress
Cataloguing-in-Publication Data

Adonis, 1930 –
Pierre Joris, 1946 –

[*Conversations dans les Pyrénées*.
English.]

Conversations in the Pyrenees /
Adonis & Pierre Joris; translated
from the original French by Pierre
Joris, Rainer J. Hanshe, Peter
Cockelbergh

—1st Contra Mundum Press Edition
206 pp., 5 x 8 in.

ISBN 9781940625270

I. Adonis & Pierre Joris.
II. Title.
III. Joris, Pierre.
IV. Hanshe, Rainer J.
V. Cockelberg, Peter.
VI. Translators.
VII. Peyrafitte, Nicole.
VIII. Preface.

2018947878

Table of Contents

Conversations in the Pyrenees

Translations from the French by
Rainer J. Hanshe, Pierre Joris, & Peter Cockelbergh

Pyrenean Invocation

I am very honored to be here for this exceptional gathering of the *Porteurs de Mots* & this year it is a great privilege to be guided by Adonis.

This yearly gathering is the result of many years of exchanges. Since 2000 we have shared many ideas and resources with Franck Morinière & Laurence Bru. It is Franck who sent me for the first time to the Rodez Estivada, which opened me to Occitan art & culture. It was there that I met Jacme Gaudas & Patricia Huchot-Boissier. More wonderful transcontinental exchanges occurred over the years, first here on an almost yearly basis, & then in Paris, Toulouse, & in New York with Adonis, Alem Surre-Garcia, Serge Pey & Chiara Mulas.

To honor all these links I would like to offer an invocation based on my personal resonances with these mountains surrounding us. They speak to me & say:

> They call me Pyrénées* a name of feminine gender
> Πυρήνη • (Purḗnē) that comes from ancient Grec
> they say I am the grave of King Bébryx's daughter Pyrène
> they say Hercules seduced me en route to his Tenth Labour
> they say after he left I escaped to the woods
> they say I birthed a snake & was killed by wild beasts
> they say Hercules heard me cry & raised this mountain as my grave
> they say the bas-relief of the Hemna de Oô
> — today at the Musée des Augustins —
>   would be a memory of me.

& I say:

I first met her replica in the summer of '91
at the museum in Luchon
I am looped je m'emboucle
& I paint her
serpent vulva breast
vulva serpent breast
breast vulva serpent
she wakes me up   she revives me
is this ancient happiness ?
or the kundalini tickling me ?
this lady of Oô
this serpent lady
they call her lust
lust : in church language
is tagged sin # 7
am I guilty ?
her exuberant bulging gushing vulva
ANTE PECATUM EST
am I guilty ?
no !
this beautiful vulva calls to me
embodies neither sin nor vice
who gave the apple a bad name if not religion ?
the snake has not always meant suffering
celebrating life celebrating death
both have their place *&* not as opposites

This Ouroboros
— highlighted by Alem 15 years ago—
came alive
moved the ſtone
ſtone came alive
peirahitta erect ſtone
peirahitta becomes
becomes flesh ſtone
moving ſtone
no longer buried nor ſtuck
ſpeaking ſtone
screaming ſtone
singing ſtone
bleeding ſtone
& if you do not believe me
ask Marcela Delpaſtre!

May the Pyrénées' millennial telluric force inſpire our
gathering. & as Adonis tells us:

    *"I ask that we read and re-read this ſtory differently
so that a new beginning becomes possible."*

                    Nicole Peyrafitte

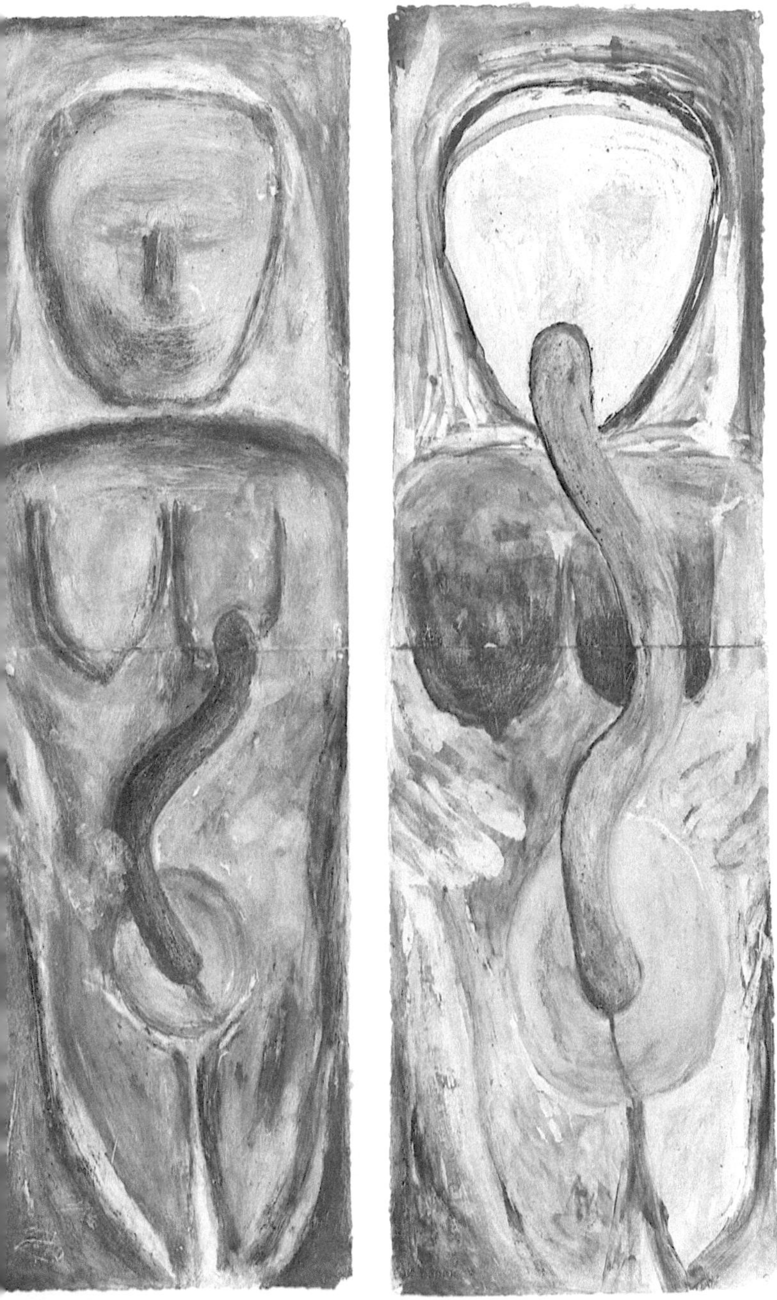

Frank Morinière: Words of Welcome

Welcome to all ... For these conversations, which will last for about four hours, we have defined a few rules, and here's the first one: in a few minutes the fog will lift and the sun will come out. Still, it is possible that we will have to move inside by this afternoon.

It is Pierre Joris — poet, translator, essayist, anthologist — who has prepared and who will lead these conversations. We will let the two talk and toward 5 P.M., a half hour before the end of the conversation, if some of you want to ask questions, that will be the occasion. We won't cut in or stop so as not to interfere with the thinking and the construction of this meeting.

Pierre Joris: The Atlal of the Future

Thank you, Franck. Thank you very much for the occasion, for Lily, for Germ, it is wonderful to be here. One big question, very abstract for the time being, is how our artistic, poetic, musical, performative practices — all the people here work in those areas — infiltrate and displace our fields of action, cultural and other? We are already in a space of dialogue, and thus of language... note that Adonis and I, here among you, we express ourselves in languages that are not our first languages, nor the ones in which we write. Those are Arabic for Adonis and English for me. Maybe we will come back to that later when we'll discuss poetics, because that too will permit us to go beyond the French cultural area, even if here we are in fact in the Occitan area — with all the connections this region has with what is now called the Middle East. But let's speak of Adonis:

There is a richness, a complexity to Adonis' work that sets it among the greatest poetic realizations of this century, these two centuries — which I see Adonis straddling to ride into the future, like Imru' al-Qais straddled his fast camel to cross (in both meanings of that word) the desert. Of course we are still in the desert, even today. That was an image, and we'll speak of images later on, because that itself is a question. This *œuvre* is not some quick *adequatio* of a traditionally modernist Arab poetry with ideas derived from a euro-american avant-guard. It is the invention and exploration of new forms and fields, intrinsically and extrinsically derived and based on a reevaluation of Arabic poetics, which, as Adonis has taught us, had already known its great modernist, that is baudelairian-rimbaldian, revolution, a thousand years ago in Baghdad under the Abbasid dynasty, with figures such as Abu Nuwas, Abu Tammam, and the great mystic poets. From Mansur al-Hallaj at the beginning of this period to Ibn al-Rumi at the end. And yet, despite this achievement, Adonis' œuvre is never self-satisfied. For it — or he, the poet — knows that language, even at its most dense, most alive at the musical level, is not and can never be a dwelling, a place to rest, an at-home, despite our desire to make it so. Language is the stranger, the other, into which we want to pour ourselves, but which always and irremediably so, remains the outside, our outside, where we build our future dwelling, a dwelling we will never inhabit.

And Adonis, the exiled poet par excellence, is conscious that this is indeed his basic existential condition when he says, "I write in a language that exiles me. If we accept the biblical and quranic history of Hagar & Ishmael, we realize that for an Arab poet, motherhood, fatherhood, and language are all three born in exile, and thus at the beginning is exile and not the word." Realizing exile is the initial condition of all beginnings, the beginning of poetry included, and rather than making one sad and nostalgic, this should energize the poet. To use, yet again, the original image from the *Mu'allaqat*: the exiled one will come by chance or voluntarily face to face with the *atlal*, the ruins of a camp, a dwelling from the past — be it Mount Famad or Beirut after the bombardments. What will have brought him here, there, and what will need to be lauded, sung after the *atlal*, is no longer the fast horse or she-camel, but the quick and cutting thought, the gleaming blade of the *intelletto* that will make sense of, give the meanings of, all these dispersements. But that, again, so as not to be an autopsy scalpel plunged into the cultural cadaver, will need to be rhythmed by *melopoeia,* a music that creates the *tarab*, that's the word and concept that, I am sure, gave the word troubadour, and which therefore makes the alliance between orient and occident. *Tarab*, an ecstatic experience, is achieved when the musicality of the verse corresponds to the visions and thoughts expressed by the poem. As Rumi put it:

"If you have not had the experience of *tarab*, how can you claim to be alive?"

Adonis' poetic vision, informed as it is by both the past and the present, looks straight ahead toward the future. For him poetry will become "the crucible where space and time, the ancient and the modern, science and dream, will meet. Poetry will always concentrate more on desire and pleasure. And yet, like the head of Orpheus, the poem will navigate on the river universe, completely contained in the body of language." Welcome, Adonis.

First Conversation

Pierre Joris: An important question for these conversations: how do our artistic practices — poetry, music, performance — infiltrate & displace our fields of action, whether these fields are cultural or other. Our course of action: I will converse with Adonis for a while first, and will then open up the conversation, first to those actively participating in this meeting, and secondly to the audience.

I would like to start off by considering the text we listened to yesterday, i.e. *Histoire qui se déchire sur le corps d'une femme* [*History Torn Apart on the Body of a Woman*]. It's the title itself that immediately calls out to me. "History," is that history with a capital H? Or historical small talk of the legendary, mythopoetic kind? That's the first part of the question, the second part being why history is torn apart on the body — wouldn't it rather be the body that's ripped apart in history, that is ripped apart by history? Echoing yesterday evening's presentation: Hagar's exile settles the score of the feminine in all the monotheistic religions. And by following you, Adonis — "neither prophet, nor magician" —, how to open up our fields of investigation to these exilic sources, without plunging into a sedentary male / female binary? To use Nicole Peyrafitte's term, how to create an expansive, rather than an extensive space, a space that remains in question?

Adonis: Thank you, dear Pierre, for your praise, and many thanks to our hosts, and thanks also to those who are with us today. *History* here is the fate of monotheism, so it is a point of view on monotheism, but one seen from a woman's stance, from the stance of what has been rejected. The monotheistic god has only created man in his own image, not woman. As woman was not created in the image of god: she was created from a rib of man, which is why woman was originally rejected by monotheism. This vision, incarnated by the entire history of the three monotheistic religions, is what the poem tries to revise, by giving to woman a voice to criticize it radically. I don't know whether I have succeeded, or whether the poem is beautiful. But it is a critique of monotheism, as I think monotheism has to be revised, and I think, personally, i.e. this is my personal opinion, that the monotheist vision is a starting point of human beings' decadence. Strong stuff, harsh even, but that is what I believe.

PJ: So it is history with a capital H that starts off your text, not legend, even if, and we'll return to that, it is often the effect of legend and anecdote, as covered by certain people, which then canonically turns into law. In that respect, then, I would like to ask you whether the fact that for about 95% of the poem you take a woman's voice, whether that is not an experimental form of working, *vis-à-vis* classical, or even contemporary Arabic poetry?

Adonis: Our history, ours as Arabs, is very complicated, especially with Islam. I think, first of all, we need to rethink Islam. I can't talk about Judaism, or Christianity, it's up to Jews and Christians to do that. But I can speak of Muslim monotheism. In order to better understand the poem, or better respond to your question, I must call to mind that Islam is, as you know, the last monotheism, but it was the most complete and the most closed-off system, and it was above all founded on a vision of power, and thus of violence. I'd say it's been founded on three pillars. The first one being that the prophet of Islam is the so-called seal of prophethood, the last of prophets, there will be no more prophets. So this is the first closure. The second pillar: the truths relayed by this prophet are ultimate truths, and there will by no other truths. That's the second closure. And the third: the world consists of two peoples, Muslims and non-Muslims, Jews or non-Jews, Christians or non-Christians. Essential here is therefore not the human being as human being, but the believer. The fourth pillar, if one pursues this train of thought, if one pushes it a bit further along still, is that God himself has nothing left to say, because he has said his last word to his last prophet. As far as Islam is concerned, I would say this vision is organically related to power. And power is organically related to violence. So it is a world of power and of violence. The prophet was the messenger of God, but in practice, God has become the messenger of the prophet. He is but a means to obtain what power has on its mind. Religion, properly speaking, is but a means, an instrument, to achieve the history of power and of violence. And I think that what can be said of Islam in this respect, can also be said of Judaism and Christianity, with a small difference I'd like to point out. I make a difference between the person of Christ and the church, and when I say Christianity in this context, I'm talking about the church and not about Christ. Christ was God, who died to save man, and it was God who set woman free. He was the first. With Judaism and Islam it is, on the contrary, man who has to die to defend God. That's completely the opposite. I'll end here, with that difference.

PJ: But you weren't going to talk about other monotheistic religions. Coming myself from one, Christianity, even if I rejected it at a very young age, I'd say the Christian church is in some respects quite jealous, because Islam is, indeed, the perfection of the other monotheistic religions, and in that respect it is the most advanced point of the same thought, of the same desire for absolute power.

Adonis: Absolutely. The proof is that we're experiencing this history. Monotheism is always a beginning, and if we head into the future, what is to come is always behind us, never ahead. In all monotheisms, if one progresses, one has to go back, to Moses, to Mohammed, to Christ, the future is always the past.

PJ: So actually it is the father of all, i.e. Abraham, who is also the father of Ishmael, so the consort of Hagar, who ...

Adonis: I don't know; I daresay maybe one has to rethink Abraham, too. Perhaps he, too, is a pure invention, a legend, which therefore is to be rethought. But that doesn't change anything, he's there, more alive than ever, like Mohammed, and like the prophets from the Bible that are still there. And it's not us, but they who rule the world today.

PJ: So the definition of the Arab nation that you give, so to speak, that you put into Hagar's mouth — "My bed, a slave nation that breeds by night and tears apart its children during the day" — can be applied to all monotheistic religions?

Adonis: Just look at a living example: Jerusalem, the sacred city for the three monotheistic religions. So if there's only one God, if the word of God is one for the three monotheisms, then that city should at least be an extraordinary example of living together, of peace, of humanity, etc., whereas it is nearly the most savage city in the world — for which saving the human being is not the goal at all. Stone itself, stone is dearer to it, more human, than human beings themselves. It doesn't defend the human, but rather an imaginary world of power, of interests; it doesn't defend the human.

PJ: Can I return once more to something you have Hagar say: "Between me and myself, my exile, and my question about myself, remains unanswered." Why does it remain without answer, and whom does she address it to? And is she entitled to an answer from someone other than herself?

Adonis: One should always see non-subjectivity in mono-theism. There is no subjectivity in a monotheistic religion like Islam. There's always the group, what we call today the *umma*. The individual is but a leaf on a tree. It doesn't have any meaning. Its meaning is to be there, on the branch of that tree, but as an individual it doesn't exist. So there's no subjectivity as such in Islam. Islam says: "If you interpret even the Quran individually, you can't do that." The interpretation of the Quran is a collective interpretation; it is the abstraction of the *umma*. So the individual, especially woman, doesn't exist. It is a word, and not a being that is master of itself and master of its destiny. And thus it doesn't exist.

PJ: So in this respect there wouldn't be a difference between women and men?

Adonis: No, one can't compare women and men. A woman is an absolute dependence; she has no independence what-soever. None.

PJ: When you say "Woman, a tongue asleep that hasn't woken up yet. She is always ..."

Adonis: It's an image to wake up women. Because I always say, that if the Arab world wants to be free, wants to free itself, it is women who have to liberate Arab men and the Arab world. If women free it, the Arab world will re-store itself. Subjected, in fetters, it isn't in any case against that. So the conflict, the real war throughout Arab history, is the war between the apostates and the believers. Or those who have been called apostates. It was the war between poets and the so-called doctors of law, between mysticism and orthodoxy, between philosophers and religion. And that is our history. And its richness. But unfortunately, up until now, it is forbidden to see our history from that perspective.

PJ: Hope almost arises when you again have Hagar say: "The grass is lines, / the earth a notebook, / and I am the ink of this place." And at the same time, the idea came to me that, yes, she's the ink, but there isn't yet any *kalâm*, there isn't yet a pen, that rather phallic thing if you will, that should canalize the ink. Can she become *kalâm*, too?

Adonis: It's an extraordinary thing that those who have created what we call Arab civilization were not the orthodox, the believers, the men in power, with some exceptions, there are always exceptions, but generally speaking, and as far as institutions and power go, it's always been the poets that aren't believers or weren't believers, the philosophers that weren't believers, the mystics that shook up the orthodox religious vision, it's they who built this great civilization. And, for example, we absolutely do not see, in all of our poetic history, a single poet of whom we can say that he's at once a great poet and believer, as we can say of the likes of [Paul] Claudel, for instance, or Mario Luzi. All the poets were anti-religious. And if you read from this point of view, then mysticism was a great revolution. They've changed the very conception of god.

God in mysticism isn't an exterior force that directs the world from the outside. In Islam's mysticism, too, God is not an abstract force, he's immanent, he's part of the world, of things, of trees and of mountains. And mystics have even changed the conception of identity. In Islam and the monotheistic religions, identity is: we're Christian, we're Jewish, we're Muslim. The mystic says: no, we're human, and that identity is created gradually by man. And the human being creates his identity in creating his work. So the mystics have changed everything. Even in terms of writing, so-called automatic writing, for instance, has been called an unconscious dictation. They've changed the conception of reality, etc. It was a revolution inside of Islam, but that revolution has been rejected.

PJ: In fact I want to return to that specific question in greater detail during the second hour. For the time being, I'd like to return to the desert. Hagar is an important figure for me, too — look *(shows Adonis a tattoo on his left forearm)* — you see, I have tattooed, inscribed on my arm, the Arabic word for exile, h.j.r. — also the title of one of my books — and of which the three consonants also spell out the Hebrew name of Hagar. But I would like to go back further than Abraham, he who comes from Ur; I want to go back to the Sumerian side, and above all to the figure of Inanna, that goddess on whom Nicole and I have worked a lot, more specifically through the historical figure of Enheduanna, perhaps the first poetess whose name has come to us as well as some texts

— superb ones at that. She was the daughter of King Sargon and the priestess of Inanna at Ur. And there, for example, on a poetological level, there's still a lot of work to be done, much to be uncovered, because it would appear that all her poems were written in two voices, one for the man and one for the woman, so a certain equality and at once also a great proximity. All of this mythology ...

Adonis: ... was upset by monotheism. Woman was the foundation not only of daily life, of society, but was also the foundation of thought. Like men. There was no difference in that respect. But imagine a prophet, the father of prophets, who leads his child and his wife into the desert. He lets them go and she leaves, remember.

PJ: Wouldn't that be the job of the poet, to go back to these anterior myths and to bring them back, i.e. to not let the history, and the poetry and poetics of Enheduanna be lost or buried under male sand for centuries to come?

Adonis: Absolutely. And that is, at any rate, what we've tried to do in our journal. That is to say, for us, Islam yes, but that was part of our universal history. It entered as an essential element, but was then transformed in mysticism, in poetry, in philosophy, and thus is part of things at that level. That's what we thought — but the reality of things is something else again.

PJ: Yes, and that's why at the end of this book — we're still talking about *History Torn Apart on the Body of a Woman* — the woman is stoned to death. Why? Isn't it precisely, as I've just said, the job of the poet to rewrite history? That is what I have tried to affirm in a play that was staged in 2016. The play stages Ingeborg Bachmann, the Austrian poet, in her *barzakh*, her coma, her passage from life to death — that took three weeks — during which I have her meet the important men of her life, among whom Hans Werner Henze, the composer, with whom she works on an opera that also tells the story of Orpheus and Eurydice. And in my text, Bachmann says that when Orpheus turns around, he drops dead because he sees Eurydice well and alive and in union with the cosmic serpent that Nicole [Peyrafitte] spoke of last night. And Eurydice steps over Orpheus's corpse and enters the light of the world. Evidently, there's Henze who says: no, no, you can't rewrite the myths of old, myths are myths, but Bachmann insists that such is precisely the job of the poet, to rewrite, to write, to compose the myths that we need.

Adonis: A lot of anthropological studies are needed. Why did monotheism change the position of women in society and life, and in thought? It's something to be examined, and I haven't seen any studies of this problem. Why did monotheism change the situation of women in our existence, and in daily and social life? I can't answer that question. But I notice it's been like that. Why did they separate the human into a body and a soul? The body is the dwelling place of sin that one should absolutely loathe, and man ... or they said there's an other world in the heavens where he'll have all that a human being wants. What is illicit on earth becomes licit. In every sense, even homosexuality. Why do we do that? Why does a person believe this, why did he turn into a believer? These are things to examine. Monotheism has succeeded in splitting up the human being, in dividing the world. I once asked a priest: but if the body of a woman is the dwelling place of sin, why then do you accept that a woman could beget the prophet?

PJ: A God even!

Adonis: For example. He didn't say anything. So there are questions that up until today do not have answers. And that I try to criticize or answer, but poetically speaking. A lot of other studies are needed, but unfortunately I don't see any. I don't have any answers to these questions.

PJ: So, let's move on a bit. I don't know where we're at in terms of time, but let's move on toward the second section, that I defined somewhat as ...

Adonis: ... sorry, for instance, what is contradictory is that Islam believes that the prophets in the bible are the prophets of Muslims, too. But why then such a war between both? If your prophet is mine, why would I wage ware against you?

PJ : Because he wants power.

Adonis: Indeed! So monotheism and Islam were economic and political *coups d'état*. It's as simple as that. But they needed an ideology. Islam was the first that used poetry as an ideological instrument. But it failed.

PJ : So then, how can, how should we, as poets, musicians, artists, respond? What is our job?

Adonis: First, to rethink monotheism, and I have done what I can. I am anti-monotheist in every respect. Radically so, and totally so. I think being monotheistic is being against oneself, against the human being, because the world is a movement, and the world is an opening unto infinity, and what is essential for a human being is the other human being. It's not a world that doesn't exist that is the ... a person who is monotheistic doesn't live on earth, he lives in his imagination. So monotheism is actually a psychological case; it isn't a social case or one of civilization; it's rather psychological to me. How is it possible someone, a young man enters a church or a mosque and blows himself up, or sets about killing people he doesn't know, children... where does this conviction come from? Where does the idea come from? And a Muslim does today in the name of Islam, what a Christian did during the inquisition, and a Jew, too. Not amongst themselves, that is different, though. The Jewish people have managed well to live together in peace, in spite of contradictions. I once saw a demonstration of Orthodox Jews with banners saying "Zionism is a new Nazism." A Jew did that! So there is a certain peace amongst the Jewish contradictions. But we don't see it in Islam or among Christians. That is to be re-thought, too. All the monotheistic religions. We need to question ourselves again.

PJ: You say it's a psychological question, which is true. But I'm trying to see whether, on top, one shouldn't try to connect that psychological question with more down-to-earth questions, social and environmental ones?

Adonis: Pierre, look at it this way... First of all, you and I, we're two different civilizations, from two different countries, two different historical moments... What is essential between — not between you and I — no, between humans, is believing, it's not the human side. If you are a believer like me, then you're closer to me. Why isn't the human that which you and I have in common? The human side even separates us; what unifies us are the ideas concerning belief, faith. This is essentially *false* — and we live inside that falsehood. And each one of us is responsible for this, each one of us. Power takes advantage of it, politics take advantage of it, uses it. The case that strikes us all, is the case of Islam and Judaism. Islam is but a new version of the Bible! This conflict, why this conflict, why? There you go.

PJ: We've said so. For me it's essentially a matter of power.

Adonis: It was the conflict between brothers.

PJ: That's very biblical, the conflict between brothers. At this point, I'd like to proceed to the second theme I've proposed for these conversations, and which for me is precisely: how to create... because we also know that the basic materialism that the 20th century has tried to install on all levels doesn't work either. That there is a spiritual element somewhere. How, then, create an a-religious spirituality, a spirituality not stuck in monotheism, or faith. How can a spirituality serve poetry today — and here we're obviously approaching Sufi thought. When we heard you talk in New York a month ago, you used this lovely phrase: "Religion is an answer, poetry is a question." How can Sufism, which is usually seen as the counterpart, the mystical side of Islam, and is in a certain way, and most certainly interlinked with the religious, with matters of faith — as, for example, by the repetition of the name of God to get into a trance —, how can such a spirituality lead us toward an a-theological spirituality? How can Sufism be freed from the religious?

Adonis: Perhaps one should find a different word for spirituality. Spirituality brings us back to religion, to monotheism, so we should find a different word. Because when we say spiritual, there's what is bodily, there's religion, there's paradise, etc.; there's an entire imaginary that links to this word.

I can't think of a different one, so let's use it by default. But the fact of writing, the fact of writing poetry, the fact of loving … man … one should first look at the place of man in this universe. Do we have a final answer as regards our existence within this universe, within this world? Religion tells us yes, but all that is a-religious tells us no. The world is infinite, and a human being is finite, and what a human being should do is explore the world he's living in. It should be based on experiences, and not on ideas. And that is the mystical revolution — instead of founding the universe on ideas, on a system of beliefs, they founded it on an experience. And the experience is an opening up, and there's no answer, and everyone has his very own experience. And they're absolutely different, there's no mystic alike, there's an experience, a great experience, like an ocean, and the swimmers in that ocean, each has his own experience, and each his own force and presence in the world. There are friendships, but each one is alone.

It isn't easy to change 3,000 years of beliefs, of habits … It's a world founded on these ideas. It isn't easy for you or for me to change the world. But we can start by rethinking this world and by trying to say, each one of us, what we really experience inside our bodies, not inside our heads. I think that our intimate life can help us a lot. I think that in in terms of the relations between women & men, if we get closer to our bodies, we will live better and have a deeper understanding. And as long as we are far away from our bodies and closer to our heads, we're in trouble.

And there isn't an instant, in the act of loving, in love, when we feel that… we never know whether we are alive or whether we are dead, when there's no presence of the head's reason. That can help us see that what's essential isn't the idea, that the idea is an abstraction that changes over time — the essential is our presence within our bodies. When we try to see the world through this experience, everything can change, I think. And one isn't close to someone else by means of communal ideas. I do think so, take poetry for instance, when you write a poem, and you read this poem, you touch people, the masses, the audience, with all that is communal in that poem, and you touch the individual with what isn't communal. One should avoid what is common in that experience. Common is trite, repeated, it is everybody. It is like death. Death is trite because everybody dies. And it doesn't change anything, really. But what is essential, what is problematic, is life — so the problem of a human being is not death, it's life. How to live, that's what is essential. If one begins by asking these questions, beyond monotheism, which has distorted everything… I don't know. (Laughter)

PJ: It looks immediately so easy when you say it, Adonis, but why, then, do we even have this huge and gorgeous mass of very complicated Sufi texts, historically speaking? There's a question I've been asking myself for a long time and to which you may have an answer: it's the question of the difference in terms of *the image* in poetry and in Sufism. In Sufism, the image veils what is too illuminating, i.e. it veils so that

29

we could see something in spite of the blinding sun of God or of the absolute, and so it allows us to see something. For poetry, on the other hand, there's no need for a God or a master, and so the image cannot, or doesn't need to have that function of veiling a light that is too dazzling for us poor humans. It is therefore supposed to illuminate meaning, the world — but at the same time, why do we need this illumination, if it isn't blinding? That is, there wouldn't be any need for an image in poetry, at least as far as Sufi thinking goes, because there's nothing to hide?

Adonis: I don't quite get the idea.

PJ: Isn't there a possibility that the image becomes a purely æsthetic means of expression, which will wind up clouding the meaning? We come from this very rich tradition of the image in Sufism, where it is necessary because we cannot directly look into the face of the One — which, for that matter, doesn't even exist. We need to carefully consider the usefulness of the image. Can it become a purely æsthetic means of expression, which hides more than it reveals?

Adonis: It depends. But, for starters, why the image? Why does the poet always resort to the image, why the image? There are poets who negate the image. There are people who say that the image distorts the world, that one should see it directly, without images. But that's false. In Arabic the word itself is based on the image. There are a lot of words that are but an image. And the image is for — I'm speaking from an Arabic point of view only, I don't know about other languages. The image is there to see or to explain the relation between what we call the meaning, the essence of the word, what is the essence of the word? What is the essence of a thing? A flower has an essence or it is only a form before us. Generally speaking, Arabs, Semites, believe there's an essence of the word, so there's a form. In order to explain or understand this essence better, you should, or you need to have a language full of imagery. A language that can create new relations between you and the thing, or the essence. That creation of images, the language founded on the image can in a certain sense reveal, and it can in a certain sense conceal, too. Because an image also conceals an aspect of the essence, all the while revealing an other aspect. That is why in mysticism the essence is said to be the image as presence, but the essence exceeds any image. In that sense the image veils and doesn't unveil. But in another sense, one can only know the essence by way of the image. And here the image is veiling, a veil.

PJ: Like written ink on the white page, which reveals meaning. Because you've just written a beautiful poem, to my ears, in French, where essence and meaning become the same. Can essence and meaning be the same thing?

Adonis: No, meaning is an aspect of essence. But seen through the image, by way of the image. So poetically speaking, poetic language is essentially the image. A poetry without the image, or founded on an imageless language, a direct language, becomes narrative, anti-poetic, according to our Arabic tradition. But I believe that the reality of poetic writing is something else. In the United States, for example, there are no images in most of the poetry.

PJ: There's a certain tradition in what we call Modernism, going back to the beginnings of the 20th century, and still very important in the so-called New York School in the 50s / 60s, a tradition that insisted on a very necessary action of stripping bare an old-fashioned, and even outdated poetic language, Victorian, with very traditional, worn-down images. These poems criticized a writing that marked itself as "poetic" simply because it contained a lot of metaphors, refined and/or strange images, which didn't actually mean anything except for stating "I'm a poem." As a reaction to this Victorian and Edwardian poetry — we could even go back to Ezra Pound and William Carlos Williams, even if they, too, worked with images, be it in a new way —, we've had a much more radical reaction toward the middle of the century, that of the very New York group, which stripped bare language, by using language and actions drawn from everyday life, something very clear, and very precise. What is wonderful, however, about Frank O'Hara putting, say, a pack of cigarettes in his poem, is that that pack is there as an everyday object, without wanting to be a metaphor that veils something or marks something other than itself.

Even if that pack obviously winds up by becoming an image. Or else when Jack Spicer, on the West Coast this time, said, "I would like to make poems out of real objects. The lemon to be a lemon that the reader could cut or squeeze or taste — a real lemon like a newspaper in a collage is a real newspaper." And not just an image, or a metaphor.

I think this had to be done, a bit like what you did with classical and neoclassical Arabic poetry, which you had to re-vamp, strip bare of the all too many repetitions, both at a for-mal level (too restrictive rhymes and meters), or at the level of content (too limited or conventional themes). There's work to be done for a new image to arise from that. And, by the way, a new take on the image emerged with the American poets, too — I can't really say for the French poets —, a bit later on (i.e. as of the sixties), with poets like Robert Kelly or Jerome Rothenberg. They spoke of the *deep image*, and their goal was to look for a new, more real, and more serious image than the æstheticizing image, the discovery and use of which would lead toward a renewal of the poem.

Adonis: I think there's a tradition in Arabic — to begin with, our first tradition is poetry. There was only poetry. The poet was the journalist, the politician; he was everything. And poetry expresses the whole of society and its culture. Before Islam, the poet pretended it was he who expressed, or who could express, what is called truth. Once Islam was there, it said the opposite: religion is the only revelation expressing the truth. And so poetry is but an error one should reject — much like Plato said, really.

PJ: Exactly, I was about to say so, too: Mohammed and Plato, *même combat*, same thing.

Adonis: Fortunately, the poets didn't listen to Plato. They, the poets, resorted to the image, because they couldn't convey their truth directly, or only at the risk of their lives. They resorted to a language full of images, to the image, and it played a very important role in our tradition, even in the conflict with, or, rather, the refusal of religion, of Islam.

PJ: Isn't there also the linguistic fact that in Arabic — more than in other languages — a word can easily mean two very different, even opposing things — auto-antonyms or *contranyms*. Which, precisely, allowed some poems to be written and shown to the caliph without the poet being decapitated, whereas other readers or listeners of course understood it meant the opposite.

Adonis: Exactly — there's the *addad*, where a word says one thing and its contrary at the same time. But that has to be seen within the context of the word. Context changes everything.

PJ: So the word can have a context within which it has to function with one or the other meaning. But in a poetry that plays with that, with that ambiguity, it must have been very complicated...

Adonis: ... at that moment, there are problems with the so-called audience. The audience, or, rather, the reader only understands what is expressed directly. When the poet has an image-based poetry, or a poetry full of images, the reader doesn't understand. The ordinary person demands a direct & clear poetic language, which expresses what the ordinary person sees, experiences, and understands. This is the beginning of how the image-based poets and the general public drift apart.

PJ: And so you think that those people who heard the poems of Imru' al-Qais or of Ibn Tarafa — my favorite, among the pre-Islamic poets! —, the people of the village or of the encampment didn't understand everything? Because this poetry is of a great complexity after all.

Adonis: No, not in the Pre-Islamic period, there wasn't any writing; everybody was an intellectual in his own way, everybody knew and understood poetry. It started with life in the city. It started in Damascus, then in Baghdad, where there was a different culture, exchanges with and influences of other civilizations. They changed. And Abu Tammam was the first in Baghdad to create what we call an urban language, of the city, like Baudelaire, here in France, and he created a poetry of everyday life, not in the desert, but in the city.

PJ: So, do you then think the city dwellers in his day fully understood him?

Adonis: Absolutely. But the conflict of ideas of civilizations began. Abu Nuwas, for example, wrote all of his poetry against religion, and did so, therefore, in a language full of images — so as to not be killed for it.

PJ: We no longer run that risk in our regions, for the time being, we are no longer killed for what we write in poetry. In the West at least...

I would like to return to matters connected to Sufism. We haven't yet ventured there... I was going to bring up the whole history of the metaphor against the symbol, that entire tropology...

Adonis: ... that's a little technical.

PJ: Yes, it's a little technical. Perhaps we'll keep it for later on. In *Le Fixe et le Mobile* [*The Fixed and the Moving*; a collection of essays not yet available in English] you say, for instance, that metaphor is the artistic form of thought. Do you mean by that that the poet should think, or thinks, by means of metaphor, whereas the philosopher thinks through the straight and narrow of prose?

Adonis: That's right... even if he also resorted to narratives, to symbolic stories...

PJ: Yes, indeed — in Plato, the story of the cave is a metaphor. Symbolism is often used in Arabic thought, not to elucidate, but to hide, (I've already hinted at this) to limit. I'm thinking of Ben Jaafar, whom you cite: "Someone uses a symbol while talking, in order to hide the meaning of what he says from those he's talking to, and inform only a few."

Adonis: Not to forget, for instance, the doctors of law, I mean the conformists, or the orthodox, who refused and still refuse to this day to acknowledge that there are images in the Quran. One has to understand the Quran literally. No images, because as soon as there's imagery, there'll be a lot of interpretations, and if there are a lot of interpretations, the text slips away. One has to understand the text of the Quran textually, literally. There's no image, there's no metaphor, and God wouldn't use such... luckily. (*Laughter.*) That's another aspect of the conflict between religion and poetry.

PJ: When you name your second journal *Mawāqif*, I immediately think of Sufism, but was that a direct reference to an-Niffari...

Adonis: ... direct ...

PJ: ... or was it more metaphorically, in the sense of a station, a stop, a meeting point, where you collect texts?

Adonis: There's a story behind that, which is worthwhile retelling here. I read an-Niffari for the first time in 1965, in an English translation, and it was the orientalist [A. J.] Arberry who published this manuscript [of the *Kitāb al-Mawāqif, The Book of Halts*]. And I saw that this manuscript — an-

Niffari' lived in the 4ᵗʰ century AH, i.e. the 10ᵗʰ century of your time reckoning — had been waiting for 1,000 years to be found again and published in London. Then it was republished in Cairo in 1965. Once, while writing in an American university library, I came upon this manuscript by accident. And I read an-Niffari's *Mawāqif.* I was overwhelmed by what I read, I saw a text that reminded me of Lautréamont, and of the great Western poets I knew. I was so overwhelmed that I didn't sleep that night, reading this text. By the way, this text will be published soon — in September — by Belles Lettres Press — together with Donatien Gray we've made a new French translation, we've translated it together. And the publisher was delighted.

So it was to celebrate an-Niffari that I called the journal *Mawāqif.*

PJ: About fifteen years ago, a Jordanian poet, Amjad Nasser, gave me a photocopy of the Arberry edition of Niffari's book, because that version obviously no longer exists, it's out of print.

Adonis: Today it's a bedside favorite.

PJ: It's strange how things come back. We talked about it yesterday, when I said how, in France, interest in the troubadour poets was raised again thanks to the American poet Ezra Pound, who had translated some of them. Then Paris says because Pound has said so, it must be interesting, valid.

An-Niffari returns to the Arab world in the same way via Arberry. Poetry is nomadic.

Adonis: That is what is essential to us, poets, human beings, what we found ourselves upon — and not upon ideas, beliefs, interests.

PJ: Because there's been, in a rather interesting way, I think, moments at which Sufism entered the thought of contemporary American poetry.

Adonis: Islamic Sufism, or?

PJ: No, Sufism. And a very specific one… It was Robert Duncan and Charles Olson who had read Henry Corbin and who had started thinking about the ibn-Arabi-based concept of *ta'wil*, i.e. about what Henry Corbin defines as "the exegesis that leads the soul back to the truth." And it's become a rather central thought to that American poetry. Robert Kelly, for example, developed a poetics in which he describes the poem as a *ta'wil*, i.e. as an exegesis, of the first line, a first line that can be given by a dream, or as an inscription, a part of a word, on a passing truck, it doesn't matter where you find it, but the development of the poem is the *ta'wil*, an at once both active and passive way for the poet to work with that first given, that first line.

Adonis: *Ta'wil* or *tauwil*?

PJ: *Ta'wil*, interpretation, exegesis. I don't know whether this means anything to you, but it interested me greatly, Corbin's entire oeuvre, really, and his reflection on Avicenna and then on Ibn Arabi...

Adonis: He's a great mystical thinker, Henry Corbin, like Massignon. Massignon wrote a truly great book on al-Hallaj. I haven't read Kelly or Olson's poetry, to answer your question: I don't know.

PJ: Here too there are movements, transfers that will have to take place, because I think there's not enough translations between the various poetic continents, continents that would enrich each other so much, and get to know each other so much better on those levels.

Where are we at? It is 11:23; we've been talking for nearly two hours. Are there any questions from our poet friends?

Serge Pey: I don't have any question, rather some afterthoughts.

Adonis: Yes.

Pey: I obviously have questions, because thinking is always putting oneself in danger, and as my friend Henri Meschonnic said, to think is always to think in the unknown. It's hard to quickly summarize my thoughts on twenty years of teaching poetry, religion, Islam and monotheistic religions.

Thanks to Adonis, moreover — when you published me in the journal *Mawāqif*, nearly 30 years ago —, I set about reading the Quran. And I read it with my friend Jamel Eddine Bencheikh, who translated the stories of the *One Thousand and One Nights* for the *Pléiade*, and who thought of himself as an atheist, culturally speaking a Muslim, but philosophically an atheist. And he made me aware of something that completely enlightened me: that in Mecca, hung up around the Kaaba, the black rock that has been celebrated ever since prehistory, there used to be a magnificent gathering of poems in the pre-Islamic period.

Adonis: The *Mu'allaqat* ...

Pey: But the first act of the "thought general" that was the "prophet," was to prohibit hanging up poetry. That to me was remarkable, because poetry was in competition with prophecy. It made me think about other monotheistic religions, and about Spinoza, for example. That is to say that I wasn't able to interpret theological political religion — a very barbaric word, but one that renders well what it means, that is that the religious brings about a difference between the sacred, the divine, and the religious, three very different concepts. Obviously, religion being only the confiscation of the sacred and the divine, with a political aim.

And then something also struck me, and that's the origin of Sufism. And I know speaking of origins is always tricky, but with a group of intellectuals that also included your friend Abdellatif Laâbi, by the way, we thought that Sufism had been the refuge of poetry that didn't have the choice to exist otherwise, that by pretending to "espouse" the theological political, and thus to develop in the name of Islam, or alongside Islam, or against it, in an underground manner, this beautiful poetry.

The third thing that astonished me is that when I read the passage on the poets in the Quran, the status that we have inside the theological political is not the same as that of Plato. Plato says the poets should be expelled from the polis, which has nothing to do with the *sura* of the poets. The difficulty for us, as poets and philosophers, who think a poem within society, is that relation between life and language that mutually alter each other, life alters language, and language will alter life. To think of movement, and to think of a concept within movement, is always difficult. And so we have a tendency to think of poetry as an unmoving corpus, with an eternal & infinite beforehand knowledge. Yet the concept of the poem itself is something that has profoundly evolved over time, which is contradictory. Poetry in Africa isn't the same as poetry in Latin America etc., etc. ... If it's only that point of view, and here I agree with Adonis, then it's precisely animism that causes man, a human being, to have in all its infinity a relation to the infinite, an absolute liberty, and he will invent that relation like a mirror. That is to think of movement, and the poetry that Plato speaks of, who is himself a poet, as denouncing other poetic currents, who were transmitters of myth and not of truth. It's an eternal debate.

To come back to monotheism, it's important to bear in mind that Christianity has nothing to do with that inquisitorial Catholicism, that it was at first a feminist liberation movement. Just have a look at the amount of women who are martyrs, who fought for their freedom, it's an anti-slavery movement; one must never forget that...

I also think that polytheism did the same thing [as monotheisms] — in America, for example, with the Aztecs, that's a monstrous thing... Animism, on the other hand, is something that is also opposed to polytheism, and I think the animist, the traditional poet, who was also a shaman, a healer, etc., that he is our fundamental brother, or sister, in the very history of poetry's movement itself, but I would like to thank Pierre, who is moderating this debate in an exemplary manner, and who leads us into thinking what we're thinking, and thanks again also to Adonis.

PJ : Adonis, would you like to say something in response to the scope of such a poetic encyclopedism?

Adonis: No, I agree entirely with him, especially with respect to movement and change. And, you know, our grandfather & great poet, Heraclitus, said: "You can't cross the same river twice." Life is continuous movement, continuous change, and I think that a human being is essentially a poet. Every human being is a poet, and the farmer before all, as the farmer works the earth, and thus changes the earth. He creates new relations between himself and what that soil en-

43

genders or will engender, and poetry therefore isn't just writing a poem — it's creating new relations between man and the universe, between man and man, between man and the cosmos. That is poetry. Changing, creating new relations, to give a new, deeper, and more human image of the universe, that is poetry. We're all poets, one way or another. Why not continue and stay that way? Why believe in ideas, in an other world? Why? Our world, life, is the most beautiful, the most beautiful of existing worlds, it's life that matters, and we should change that life for the best. That is poetry. Even love is poetry; even politics is in a way poetry. A human being is a poetic being.

PJ: Voilà! I don't think there's anything to add to this now. Thank you all. We'll pick up again in the afternoon.

أدونيس

الكتاب

أمس المكان الآن

I

دار الساقي

علي مولا

Second Conversation

[Interlude by Salvador Paterna on the Oud]

Pierre Joris: Thank you very much for this wonderful oud piece, Salvador! I believe that every encounter between poets, friends, artists, or between anyone, and even between people who don't love each other, should include an oud, because the oud clears the air and weaves connections.

I'm going to start the discussion again, and I'd like to begin by talking once more, but in greater detail, about a question which I believe is relevant, and which is still related to the field of poetry — notions of clarity and darkness. There is a phrase by Ibn Arabi — and it links us once more to Sufi thought — I would like to quote. Arabi says: "Transcendence within immanence, the invisible is the visible, but more open and more advanced." A beautiful contradiction. And at the same time I had immediately thought, though I don't know how to link them, of a beautiful sentence of Paul Celan's, the great German-speaking poet of the late 20th century, who says that "the poem is born in darkness ... a congenital, constitutive darkness, then, that belongs to today's poem." What about this notion of the clear and the dark in the poem?

Adonis: I believe that Celan meant that darkness and clarity are social problems, are cultural and existential problems. It isn't a strictly poetic problem. But first you have to ask, what is dark and what is clear? Is the light really clear, and the dark really dark? Can we actually transform human existence into absolute clarity? But why seek clarity? Why. Personally, I seek what is dark or obscure, because the obscure questions me, opens a door for me to question things and the world. And I believe that we cannot generalize what is obscure and what is clear; it's related to a certain tradition, a certain culture. I would like to limit myself to what is Arab, to what is traditionally Arabic. In the pre-Islamic period, there was never this question of the dark and the clear. It had never been asked. It was asked after Islam, because Islam is a message, and so everyone had to understand the message. It was then that the problem of dark and light began. So this problem is linked to our religious history, to the message, to ideology, but not to poetry. And not to poetics, because in poetry, everything is obscure, and fortunately so. If everything is clear, life becomes banal. If I ask you what love is, and you answer love is this or that, then you kill love. So love is an experience that tries to see the world better, and to experience the world better — it's not a question of clarity and obscurity. If I ask you what poetry is and you answer, poetry is this or that, you also kill poetry. So it's an ideological problem; it's a problem about messages; it's a cultural problem *en général*. So I do not see that darkness and clarity are part of the poetic specificity. Not personally.

PJ: Thinking on what you just said, I would like to add that, at that time, Islam was very modern, because it called itself a message; it finds itself in the modernist ideology of the message, or what is called *information*. And information must be clear, because the message must be clear. Ergo, it would be an ideology hyper-adapted to other aspects of our modernity.

Adonis: Absolutely. Islam has strongly condemned poetry as a vehicle of truth, saying that poetry cannot convey the truth. It's religion, it's god, the revelation that speaks the truth, not poetry; in spite of that, Islam, the power, was the first religion that used poetry as an instrument to propagate religion. So it accepted poetry, as a means of speaking, to praise poetry. And the readers of the time, the Arabs of the time, said no, we prefer to read the Quran in the text, not to read it through poetry. And they minimized the importance of poetry in trying to praise religion. They transmit the verses — the verses were versified, transformed into poetic form — so that the Arab could understand the religious message more easily. And that's why poetry didn't evolve for 50 years. From the founding and coming to power of the Islamic state to the Umayyad period, poetry was almost dead.

PJ: It's interesting to think that too, and while you were talking, something else came to mind: your mistrust of narrative — because you say that ideology is actually narrative. And so you're wary of narrative, and a lot of your work is in fact a continual deconstruction of narrative. Can you expand on this notion of narrative?

Adonis: Narrative is supposed to be ... it's the transmission of an idea. Thus, of a message. Narrative is a way of conveying ideas. While poetry is not. The poet expresses an individual experience, and what he writes, the poem, is a meeting place with others — it's not a message. This meeting place may or may not be good for other people, it depends. The poem is a meeting place, not a message.

PJ: More prosaically — *and I am punning* ... you wrote primarily poetry and essays. You've never been tempted by the novel?

Adonis: Never. I write essays, it's something else, something quite different. And I write essays for myself, not to criticize. To explain to myself, and to better understand myself, too, and what I write. So I never write criticism. My essays are my experiences, my understanding of poetry, and especially of my own poetry.

PJ: You write essays to explain your poetry.

Adonis: To explain myself to myself, to better examine what I say.

PJ: Okay, I still want to return to a minor point that we had already started talking about. You wrote somewhere: "For poetry to be able to create a mythology, it must first have metaphysical scope. Without metaphysics, we fail to create a legend or a myth. But Arabic poetry, involved as it is with imitation and mimesis, detests metaphysics. It becomes description, criticism, praise, or satire ..." Why metaphysics, and how? For is there a metaphysics that is not transcendent or religious? Mythology, according to the etymology of the word, has to do with the Greek word "*muthos*" — close to "mouth" in English, to "*bouche*" in French, hence it leans toward speech. Myth is a story, not necessarily metaphysical, that we recount. In fact, metaphysics would also be added through analysis and scholarly and religious commentaries so that they can use myth or mythology for the purposes of coercion. Besides, you made a very nice word play in French, you spoke of *mothologie*; you went from *mytho-* to *mot-thology*.

We have all those many poems and poetics of the 20th century that made a pronounced effort to invent, to create new formal possibilities, and that sought to deconstruct that notion of the mythological — I think for example of sound poetry, of concrete poetry, dada, performance, all of that ... somehow, the mythologico-metaphysical thought you call for, could that not be in those other kind of poetries? In your opinion, are these new poetries, these formal inventions, useless things?

Adonis: In the Arab context, "physical" and "metaphysical" — *meta* always means god, the universe, existence, death, eternity — for me, all those problems, all those notions are separate from poetry. Unless the poet speaks of them in images. He says what he believes but, in poetic language.

We know the great metaphysical poets, like (Abul'Ala) al-Ma'arri, who said, for example, "humanity is two people, one who is rational, but who is irreligious, and another who is religious, but who is devoid of rationality." But people who were interested in the poetry of the time considered it philosophical or metaphysical poetry, and they said that it wasn't poetry, but metaphysics, *thinking*. Because its way of expressing itself was a bit narrative, was a bit far from poetic language.

And so there is not, in that sense, metaphysical poetry — otherwise, why not write directly about those problems? And further, to write poetry is to write from an experience. One cannot experience paradise, nor can one have the experience of the existence or non-existence of god, the experience of hell, the experience of eternity. Those problems cannot be turned into *lived* experience. Then, poetry must be based on personal experience, otherwise, it would exist in the sphere of abstraction, of thought; it would be a matter of the head and of thought, not of the body and spiritual experience.

PJ: But when someone like Ibn Arabi, who is a Sufi, who has existentially lived exactly that intimate transcendence in his self, when he writes, he succeeds in putting it into poetry.

Adonis: But not *rhythmic* poetry, or according to the tradition of poetry with rhymes. What he has written, rhymed and rhythmic, is not good poetry. But what he wrote outside of classical prosody, that was extraordinary. So his poetry is his prose.

PJ: So one could then say that he invented a modern poetry, one that does not use rhymes and old structures.

Adonis: Absolutely. He wrote paragraphs like Nietzsche, phrases like: "Any place that does not feminize, does not count, is worthless," things like that. Like Al Taoui, another who said: "The friend is an other who is yourself." Writers from this part of the world wrote many sentences like that.

PJ: It's an aphoristic writing.

Adonis: Aphorism, but outside traditional classical prosody.

PJ: And was that aphoristic writing seen as revolutionary, or linked to traditional *addab*, literary forms?

Adonis: In any case, it was not considered poetic; it belongs to prose and philosophy. In our environment — which is the Arab environment of the time. But nowadays, with the revolution of cultures, the Arabs, the younger ones, actually consider the prose poem as poetry, as prose poems.

PJ: Because it's complicated, I'm still not sure I understood what the prose poem means in contemporary Arab poetics. If I understood correctly, at one point the poets, you among them, began to abandon the old forms, which were above all rhymed forms, whether it is the *monorhyme* of the *qasida*, or in stanzaic forms like the *muwashshah*, but they kept the metric form of the verse — and that's metric verse, but without rhymes they called it *poèmes en prose*?

Adonis: Not the metric. With the metric, there is no prose, no. The prose poem is outside the metric, completely. It's prose.

PJ: And it was done in the 1950s?

Adonis: [Yes,] but it was influenced at the same time by the writing of prose poems in the West, in English and in French, especially by Rimbaud ...

PJ: ... and Eliot.

Adonis: ... Eliot on the English side, yes, but Eliot did not write prose poems — he wrote free poetry, in verse, but without rhyme. Ezra Pound, who greatly influenced Arabic poetry, also made an impact.

PJ: Is there an Arabic translation of Pound's *Cantos*?

Adonis: Some cantos have been translated, but not the complete work. But there are people trying to do it. We translated a lot of English into Arabic, and also French, and other languages. The 1960s and '70s — that was the great era for Arabic poetry in Beirut.

PJ: Which now, and under present political conditions, is no longer true. I read a brief report on the Algiers Book Fair, and the quantity of books translated, foreign books, was far less.

Adonis: But there are always traditional people, people of traditional culture, who still do not recognize the prose poem. On the contrary, they attack the poets of the prose poem, they began by attacking us, saying that we are against the Arab tradition, against the Arabic language — that we are Americanized, or Frenchified, as the case may be.

PJ: It goes back to something that we had thought about, and that we wanted to talk of a bit more, namely that we are — and I cannot say whether it's the end or the middle or the beginning — somewhere in a century-and-a-half of immense experimentation, of an extension of poetics, say, since Rimbaud, and then all the people mentioned throughout the 20ᵗʰ century. From the Russian futurists to dada, to the surrealists & beyond, and this happened all over the world. In the 1950s in Lebanon, there was you and some others. It was an immense period of experimentation, of innovations — where are we now?

Adonis: I can talk about the situation in the Arab countries. First, there are many writers, very talented poets, and especially women. We have extraordinary women in every field: painting, architecture, fiction, and poetry, too. Especially now. And we have painting, too. Curious thing: painting &

fiction as forms of expression — especially painting! — are more modern than poetry itself. Poetry advances a bit. Perhaps like in the rest of the world, it's the novel that triumphs. Perhaps it is painting here, because the tradition of the novel is fairly new, but there is a revolution in painting, which for me is the best current Arabic expression. It's not poetry or fiction. I do not know why that is so, I wonder, but the reasons escape me. I see it. But there is an increasingly harmful influence of the traditional spirit, of religion, and of politics based on religious vision. And I believe that what we are now experiencing in the Arab world can explain a lot of anti-cultural, anti-human things, too. So we are in a very dark period, and we feel that we are stuck.

PJ: Listen, I know you prefer to talk about Arab culture, but you've lived in the West for 40 years. So you must also have a sense of the same question in Europe or the United States. You have traveled a lot around the world, too — what do you think in this regard?

Adonis: It's quite difficult to discuss, but I'll try. I once met Pierre Jean Jouve. He was a great poet, and he always spoke to me of two people: de Gaulle and Saint-John Perse. "De Gaulle phoned me ... Saint-John Perse (who lived in Washington) is passing through Paris and he phoned me." Once he dedicated a book of poetry to me, and I asked him like this, simply: "How many readers do you have in France? How do you find people who understand you, who understand your poetry very well? 1,000 people?" And he replied, "A thousand people! No, never!" And me: "But how do you know that there are people who understand you?" He said to me: "If I find a hundred people in France, I would be very happy. One hundred people. So I have readers, they can buy ... there are readers, but they don't understand poetry." So already there is something in the structure of society, in the structure of culture itself, something that is not on the side of poetry.

Secondly, there was still an extraordinary generation, Pierre Jean Jouve, Henri Michaux, René Char, Jacques Prévert. I met them all, but it was in 1960–61. In, let's say 2000, I do not see a generation that replaced the generation of Char, Michaux, Saint-John Perse, Pierre Jean Jouve, and the last, Yves Bonnefoy. I do not see it. There is no project, no vision, no great vision in the West in my opinion.

There is someone among us who is ... I dare to talk about him, not in order to flatter him. It's Serge Pey. Personally, I confess before you, when I feel that I am stranded, that I have nothing to say, that I am surrounded, I read Serge Pey and, just like that, I feel that I am someone else, an other being. He opens me, he encourages me, he shakes me, and he opens an extraordinary horizon.

PJ: And that's rare, not only here in France, but also at home in the United States ...

Adonis: But when I read American poetry, in translation, I see that it is another form of storytelling. I don't know if it's my impression, but I only speak based upon the translation. It's a form of narration rather than a new form of seeing the world poetically or as poetry. It's hard to say that, but ...

PJ: I think you're right, at least in relation to a great part of American poetic output. I will not go into the details of that question, otherwise it would take three hours — and I did that for a long time when I was teaching and criticized that kind of poetry. I think that, by and large, you're right. But what this means is that we have arrived at a moment when, either poetry no longer has the powers attributed to it, or we still don't have the renewal, the renaissance of poets who will find a way to re-activate poetry and make it effective today.

Adonis: I believe that we must criticize the current state of the world, therefore, it's a cultural phenomenon. That does not mean that there are no great visionaries and great poets, but it is the prose of the world that prevails. So it's the state of world culture — and that is not poetry. And you all know better than me that there is a radical turning point in European culture. After the internet and the media and the media revolution, and the revolution of storytelling too, of novels, and that evolution which transforms the work of art into merchandise. So you have take all that into account. When I was in Algeria, I met some friends who are knowledgeable about art and they told me that Koons, the last statue he made, the rabbit, sold five times over without ever being seen by those who bought it. Pure financial investments.

So we have to ask questions about such a state of affairs. And then there is the decadence of the Western political vision, which is one of anti-human violence. Look at the politics of America, the largest country in the world. Examine it. France, the country of the French Revolution, the country of human rights. The body politic has collapsed. We do not talk about that. Maybe we have to see poetry through that problem. But poets are always there, and I think the greatest are those who transgress that state of things, and they are more or less marginalized.

PJ: But it was always so throughout history.

Adonis: But even more so today.

PJ: Koons has just found his perfect career. He has just signed a big contract for the design of ladies' bags with pictures on them. With Vuitton. And so now he's a designer of ladies' bags.

Adonis: And the statue that sold for 80 million dollars is made of plastic!

PJ: I believe that that kind of bad art has existed throughout all of history. That is, we can find it everywhere, whether in times of greatness or in the decadence of Rome, or in 19th century Europe, there are many *objets "d'art"* that are like what we would today call kitsch (what is purely decorative and devoid of artistic value), except for a surface æstheticism, but to which a monetary value is attached that has nothing to do with the question of artistic quality — of an art of deep vision. It's art become wallpaper — I'm talking about visual art, of course. In poetry, anyway, what saves the day, or can do so, in my opinion, is that there has never been any market price, any material value, attached to the poem — or it is so minimal that it does not count, or only a little for the material survival of the poet.

I was thinking about that period of time — those thirty/forty years that have been "glorious" on the cultural side as well, but you seem a bit pessimistic about where we've come to. I was thinking of one of my masters, Charles Olson, with whom I tend to agree more and more when he says that in this culture that goes from the Sumer of 3500 BC to today, there has been an immense parenthesis that was opened in Greece with the post-Heraclitians — Socrates, Plato, Aristotle — and that did not end until the 20th C, with Heisenberg & Co., that is, with the principle of uncertainty, the fact of the defeat of the one, of the unique, and with the return of the multiple, the indefinite. But it is true that it becomes very difficult to still believe in such openness, in such possibilities, given what is happening on the political and cultural stage. We seem stuck again; that's it, you already said it.

So what we are going to do, what I would like us to do now — because we're not going to solve this big civilizational issue right here — or maybe tonight? — we will turn to language. You said that you live in language — even if exiled from a country — but that "in my language I am not exiled." The question would then be, how can I know myself better through my language, my language and my geography? That's still the basis of your philosophy, right?

Adonis: I believe Socrates, says: "Know yourself, man." Is it not him? Can man really know himself? If I know myself perfectly, then I become one thing, I become nil. So why do we always insist on reaching a total understanding of things? Me, I feel that even within my language, I am exiled, and that I make internal wars between myself and my language. There are words that absolutely refuse me, and there are words that I absolutely refuse. There are always wars inside of me. And what I do write, when I reread it I tell myself, no, that's not me, I would have liked to have done something else, to produce something else. Or it's just a sign to go further — and so I'm never happy or, well, I did what I wanted to do. Thus inside my language I feel exiled, because if you arrive, you stop existing, poetically speaking. So you must never know things, or know everything. Even god has changed his opinion. Even in the Qur'an, God changed verses; he said there are verses that must be changed; it is necessary to send down a verse that will be better than those others. So, if God himself knows everything in advance, why do we have three religions, why? It was enough to have one! Why first Judaism, then Christianity, then Islam? If he is truly god, the only god, if he is himself, the same, as monotheism says, why give, or reveal, three religions? If God in this case is not in total and perfect knowledge, then what do we say about man? The problem for me then is not knowing the world, it is being on a path toward something. We are always within the unknown, we do not know anything, but we try to know, we are always trying to know something.

PJ: When you say "exiled in your language" then, it means moving into and inside your language. Exile is movement.

Adonis: Absolutely. Because the human being does not come from the past, and his identity is not behind him, he creates his identity. An identity in perpetual creation, ergo it is life that is before him, and his identity comes from the future, not from what precedes it. So he knows nothing save what he has lived. And that is why corporeal experience is essential to poetry, and that is why we cannot write in two languages, create in two languages, because we have only one mother, so, one skin. We do not have two mothers; there may be many fathers, but only one mother. And the language of creation is the mother tongue.

PJ: The sole point on which I disagree with Celan is precisely this one, that of the mother tongue as the only possible language for creation. I must, because I myself write in my fourth language, English; I do not know how to write in my mother's ...

Adonis: ... It was tragic for Celan; that was another problem ...

PJ: For him it was something else, and that's why I forgive him for saying that he could only write in his mother's language — even if, or precisely because, it was the language of his murderers, he needed to write in this language. But to you, how can I forgive you, when you tell me that I cannot write poetry in my fourth language?

Adonis: Ah, yes ...

PJ: Another question regarding language: it is said that the Arabic you write is "classical modern Arabic." There is a whole question around the language of writing — can it go toward the spoken languages, the *darijas*? How do you situate yourself in relation to this question of written and spoken Arabic?

Adonis: First of all, I am not against speech, on the contrary ... the words of whichever language, every word has its history, every word is like a human being. A word that was in use in pre-Islamic times, this same word, in the work of Abu Nuwas, or simply after the arrival of Islam, has become different. The same letters, the same pronunciation — but not the same identity. It's totally different. So each word changes with experience, with history, and so ... its relationships with other words, and with things, changes as well. There is not then one language; there is the language of the grandmothers, and there is the language of the poets. Each poet has a language different from the other, if he is really a great or true poet. In Arabic — about five or six centuries ago —, there were ten poets who created the beauty, or the *poeticity*, of Arabic within the common language. But those languages inside of language have been repeated for centuries. Those who did it, like Rimbaud and Baudelaire, for example, their language is repeated in French poetry and international poetry too, in one way or another. So we have about ten poets who have created the *poeticity* of Arabic, but each has opened a particular space, a personal space, and the others repeat it one way or another.

So, there are poetic languages; there is not *a* poetic language. And it complicates the situation of poetry vis-à-vis readers, vis-à-vis culture, institutions, etc. And always, always, the bad ones, the mediocre ones of Arab poetry, are connected with the institution, are studied, always. And the great ones who ask questions, who pose problems, are isolated and marginalized. For example, the greatest Arab poet, or one of the greatest, one of those who created the poetics of Arabic, Abu Nuwas, was always marginalized, always. Abu Tammam likewise. The institution and power, or power and its institutions, distort everything, and it continues until now, and even in France, in Europe.

PJ: Compared to European languages or ... ?

Adonis: Yes, compared to the great creator, the true creator.

PJ: Well, I've thought about this in relation to the Maghreb, because I spent a lot of time there. And there is the question of writing in the Maghreb. Can one, should one, use *darija*, in Morocco, Algeria ...

Adonis: There are beautiful poems in *darija*, yes, yes, of course; I'm not against it. But me, I write in the, let's say, classical language. But I try to create my own language inside this classical language.

PJ: My friend, the Moroccan poet Abdallah Zrika, was jailed for two years by Hassan II because there were too many — thousands — of students who came to listen to his readings. It was a real phenomenon, a bit like a Maghrebi Charles Bukowski, at least in terms of the enthusiasm of young people for his poetry. And I asked him one day, what in your writing makes it so popular to command such audiences? Do you use their language, the spoken language, the *darija*? And Abdallah said to me, "No, no, no, never!" So I understood that in Arab culture, the popular did not necessarily have to do with spoken language.

Adonis: In Lebanon we have changed that. In the magazine *Sh'ir*, we published a *darija* poet next to a classic literary poem. That language must be respected, especially when it is great poetry. In Lebanon and Egypt, they have poets who are among the greatest and who write in dialect, always.

PJ: This story is complicated, because when this poetry comes to us in the West in translation, the difference, these different levels of language, are no longer visible. Translation tends to erase them.

Adonis: The dialect is related to the intimacy of the person and his body, more than in what is classical. Classical language is related to culture, history, the head, but dialects are related to the body.

PJ: It is precisely the body that you want in the center of your poetry.

Adonis: Exactly, and that's why I love it. If you have a great poet in dialect, it's great. And we have some.

PJ: Who?

Adonis: For example, an Iraqi named Mozaffar al-Nawab. In Lebanon, we have Michel Dran. It's great poetry. But as always, in terms of the institution, they do not exist.

PJ: And it's the same here — in Germ, in the Pyrenees — in relation to Occitan, certainly.

Adonis: And we can study this phenomenon especially in Italy. There are great poets who write in dialect, in Venice, in Milan, and there are many poets who prefer the poets of dialect to the national poets, to the national language.

PJ: True... Let's move to the long poem, as I'd like you to talk a little bit about your master work — until today, that is, there's more to come — called *al-Kitab*. Its title is — how to say — powerful, and takes a strong stand in Arab culture, because it simply means *Le livre, The Book*. One mustn't think of Mallarmé here; it has nothing to do with him. *Al-Kitab*: it should be translated always keeping as the title the Arabic word *al-kitab*, in all the languages in which the poem will be translated. For example, in English as well, the translation "The Book" doesn't help. I know a little bit about the poem — not necessarily where it comes from, but I think I can see some of its allies, not its models, its allies. Evidently I lean rather toward Anglo-Saxon allies, because in France I can only note the absence of the very idea of a poem on this scale in the 20th century. I am thinking, of course, of Ezra Pound's *Cantos*, of which we have already spoken, and of Charles Olson's *Maximus Poems* — now very well translated into French by Auxeméry. And here I would like to start talking about the issue of the long poem by quoting Pound: "An epic is a poem including history." At that level, your poem is an epic poem, so in a genre that harkens back to Homer. Do you agree with that? What vision...

Adonis: No. But I can speak of how I came to write this book. Reading Arab history, and especially the history of Islam, I saw that this story, as it was told, was written by those in power; and therefore it was falsified. And since I am a-religious — not anti-religious, *a*-religious — I tried to destroy this story from within. But how? I do not like writing narration like Homer; I don't like telling stories. It's great, but maybe I cannot; my ability does not allow it. So the goal is to be in the middle, to deconstruct this story from the inside. And that's why I called the project *Al-kitab*. We only have one book, the Quran, and I called my work the book, *Al-kitab*.

But how to go about creating a form that could express the different levels of this political, cultural, social history? I spent almost a year studying this form. That's why there are three or four texts on every page of the book. *Al-kitab* is thus four books in three volumes, so that makes 12 books. One year of research to find a form that wouldn't be narrative. And one day I saw a Bergman film, and on the screen I saw a painting, I listened to the music, and I saw two lovers — on the same screen I saw a whole world, so I told myself, *that's the form*. You have to create shapes, a different form of text, but on the same screen, on the same page. A poem for example about the political side, another about the social side, another about the situation of women. And in addition we must celebrate the great thinkers, the great poets, who said no to that other history, who said no to this religion. And that's how I wrote three volumes. Here we don't see that. [Looks at the French edition.] Here there is no possibility of doing that, they have changed the composition of Arabic.

PJ: Even here we have four, but you mean that in the Arabic version, they are on the same page.

٥ ذاكرة الزاوي

في ذاكرةٍ تلدُ الكلماتُ وتُولدُ فيها

تلد الأشياء وتُولدُ فيها
لا تَعرفُ حدّاً
بين الماضي والحاضِر،
وُلد الشاعر

في زَمْنٍ يَعلو في صَعْدٍ*
في صحراء لغاتٍ، وُلد الشاعِر
عاش ولكن في ما يُشبه نابوتاً
سافر، لكن في ما يشبه مقبرة
في طقسٍ لا تخلو سَنةٌ منهُ،
طقسٍ للقتل (وقد لا يخلو يومٌ)
عاش الشاعِر

طقسٍ كان يُعاش كأن رياح
الجثةَ تَسْري فيهِ، وتحابزها
والأقلام

في هذا الطقس، رأى الشاعِر
وَخْةَ الكون، وراح يُصبي مَداهُ
يَنفح باسم الإنسان الشعر
وكلُّ كلام

يَنفح ما تلدُ الأيام.

- أ -

أُخْبَرَتْ جَدّي: (والمحبّون والأصدقاء يُثْنِرون)
شَيْءُ هَوى

ماسِحاً بيديه

تُجاعيدَ أمّي عندما كنتُ أخرُج

مِنْ حَوْضِها

بعضُهم قال: هذا مَلاكٌ

بعضُهم قال: شيطانُه تَراءى

قَبْلَ ميعاده

بَعضُهم آثَرَ الصَّمْتَ خوفاً وَتَقْوى

كانتِ الكوفةُ الأليفةُ تدخلُ في غُزْية.

---

* للفراتِ، لدجلةَ، للغابرينَ لغاتٌ
وشيعْرَي إعجامُها وإعرابُها.

● صَعد: صخرةٌ ملساءُ، يكلّف الكافر صعودَها. ثم يُجذب من أمامه بسلاسل ويضرب من خلفه بمقامع حتى يبلغ أعلاها في أربعين سنة.

إذا بلغه، جُذب إلى أسفلها، ثم يُكلّف الصعود مرّة أخرى. وهذا دأبه أبداً.

(«سأرهقه صعوداً») [المذثر: ١٧]

(التفسير الكبير للرازي)

٩

أ

alif

La mémoire du narrateur

Dans une mémoire accouchant
de paroles et naissant
en elles
Engendrant les choses qui en elle
prennent naissance
Ignorant toute limite
entre le passé et le présent
naquit le poète

Dans du sable qui gravit un *Ṣa 'ad*
Dans un désert de langues,
naquit le poète
Il vécut, mais comme enfermé
dans un cercueil
Il voyagea, dans ce qui ressemble
toutefois à un cimetière
Dans un rite qui couvre l'année entière
vécut le poète
Rite pour le meurtre [et chaque jour
probablement y goûte]

Temps qui se vivait comme si les vents
du paradis en lui circulaient avec leurs
encriers
et les calames
Dans cette liturgie, le poète vit
la face de l'univers, éclaira son horizon
et commença à féconder au nom
de l'homme la poésie,
toute parole
et ce qu'engendrent les jours.

Ma grand-mère m'apprit : (les proches et les amis
    approuvaient)
Une chose chuta
effleurant de ses mains
les rides de ma mère lorsque je sortis
de son bassin
Quelques-uns dirent : c'est un ange
D'autres : son Satan
avant son temps aperçu
Et d'autres par crainte et piété optèrent pour
    le silence
tandis que la tendre *Kûfa* dans un exil s'enfonçait.

....

L'Euphrate, le Tigre et les anciens ont une langue
Son ambiguïté et sa clarté sont ma poésie.

Ṣa 'ad : un rocher lisse que le mécréant doit escalader.
Il est traîné, ensuite, par-devant par des chaînes, battu par-derrière par
des matraques jusqu'à ce qu'il atteigne au bout de quarante ans la cime.
Une fois arrivé, il est de nouveau précipité dans l'abîme, condamné
ensuite à remonter une seconde fois. Et ainsi de suite.

[« Je lui ferai gravir une pente rude »]
[*Sourate* 74 : 17]

[Râzî, *Le grand Tafsir.*]

23

Adonis: ... in the Arabic version it's better, it's tighter ...

PJ: ... you pretty much see how it's spread out on the page.

Adonis: And so, that's how I wrote it, and I said, here, my story begins with this destruction of what returns [inaudible], historically speaking.

PJ: There's a multiplicity of voices in it.

Adonis: Yes. It's a book that I worked on a lot ... I don't like to talk about what I did ... I forgot it ...

PJ (laughs): How can you forget a 1500-page book?

Adonis (laughs): I'm thinking of others, of another book.

PJ (laughs): The next one...

Adonis: I always tell myself, I didn't do anything; I have to do something else, something new.

PJ: It's a point of connection with what we thought before, we are going to talk about it, of this entire experimental area of the last 500 years, since the invention of printing, and that is precisely a way of rethinking the poem, thru film, thru cinema, thru a cinematographic vision, a screen, instead of having the Mallarméan white page, you have a screen with different possibilities that arise.

Adonis: Absolutely. There is an experimental aspect to this book, and I am not against experimentation in practice. But yesterday, our friends who left, those who played yesterday, gave me ideas about experimentation. Experimentation for me is necessary, but it may become a game, and since the game is a kind of ... it's not a child's game, a reasoned game, a desired game, so a game for its own sake. If that happens, then the work is done for. There is the risk that experimentation will prevail over the essential, over poetic vision, and I believe that experimentation has not been very successful, neither among us Arabs, nor in the West, because it became a fabrication, it became a ploy, and it was the game that won, and it killed everything that is essentially poetic. If we can transform the game, it is always poetic, it can change, it can move. But for the moment I have not seen, even in music, especially in music, an experiment in which musicality, or poetry, always prevails. Even with Cage.

PJ: There are some wonderful things, and there are other things that don't work ... So, in fact, as you did with *Al-Qitab*, it's under the necessity, under the pressure, of what needs to be said that you had to invent a new form to be able to say it.

Adonis: Specifically because reality, the thing, is richer — any thing — fortunately. Imagine that the word would have exhausted the thing. It would be catastrophic; the world would be closed, definitively. And it is only the religious and the ideologues who say & insist that the word, i.e., ideology and religion, has said everything in a definitive and perfect way, and that there will be nothing more, there will be nothing more to say. What Marx said is definitive, what Lenin said is definitive, what Mohamed said is definitive. Fortunately, the word cannot exhaust a thing, thankfully. That's why the word is always new, things are always new — there is always poetry before of us.

PJ: It would be almost a word for the end, but I would still like to mention a word that I love very much, one that names hospitality: *ziafah*, as the center of poetry. I wrote about this, and Michel Deguy also said it, magnificently: Poetry is hospitality, and it allows everything to return into it — to find refuge. Does this pose a question ... maybe we can't here question the relation between *ziafah* and translation in detail. But, according to the concept of *ziafah*, must the host, the poem, accept all and everything that comes to the poem, that wants to find refuge there? Does the same law underlie the poem?

Adonis: I believe that hospitality is to say that I as myself, I do not exist without this passenger who is my other. So I open up, I give everything to this person who comes. The other, different, is a constitutive dimension of the self. That's the sense of hospitality, and that's the meaning of being human. The self as a human does not exist if there is no other. And that revolutionized or played a great role in Arab culture and in an Arab a-religious vision. But it is said that Hatem at-Ta'i, a man of the pre-Islamic era, had slaves. He said to the slave, light the fire, because then maybe someone who wanders in this desert will be able to see it and he will visit. If you can attract some wanderer, you will be free. That's hospitality. So these lessons are about the relationship with the other while in religion the other does not exist. To the contrary.

PJ: It is by reflecting on these things that in an essay on the nomadism of poetry I modified Rimbaud's famous phrase "I is another," suggesting that today we should say, "I is many others."

Adonis: Yes, maybe we need to rethink that phrase today. Did Rimbaud really say that phrase in this context? I don't believe so. He said the phrase "I is another" in a different context, in the context of wandering, of perdition. But the mystic said in another case: the other is me. It's the contrary.

PJ: So the others are me — today. Others. We must get out of this singular that keeps going at us. To get out of the singular then, we will open the conversation and invite the audience in, at least those who would like to ask a question, or to say something.

Adonis: The essential, that which is beautiful in poetry, is that as long as we speak we feel that we have said nothing.

[Laughter]

Epilogue with Several Voices

PJ: Are there any other voices that would like to add something?

Serge Pey: There are of course many things I'd like to speak to. Poetry is also that love which exists between poets. Maybe poets write for poets. Poetry is an experience, and any reader of poetry, if he does not become a poet himself, does not have access to poetry.

Adonis: He is a creator. Every poetry reader can be a creator.

Serge Pey: Absolutely. And I remember when I was 21, there were two poets who helped me find my way: René Char, I re-member his letter — I did not dare open it. I recognized his writing through the holes in my mailbox. And the second poet is Adonis, it's you, who prefaced my completely crazy book called *God is a Dog in the Trees*. And you said to me with such a title, we will be drawn and quartered in the Arab world.

But I want to say that poetry is the other, and it's about this black sun that I can speak. But to speak about obscurity, the first subject of this intervention, is important. Heraclitus was called the obscure, not because he was abstruse and he loved the night, but because in his texts there was no punctuation, so the reader, the other, could read and interpret, in a different way, the extraordinary world of his clairvoyance.

Ibn Arabi, Celan, Heraclitus, but also in some of the poetry that is not explained, and that took refuge in esotericism, I think of Oswald Wirth, who said this beautiful sentence, which I've kept with me all my life: "For the reckless one who dares to look at the sun before him, for him, the sun is black." And it is in this context that we can invent if you want, and gaze, and poetry is the separation between the poles, it is the permanent oxymoron; it is this equator that will exist between the north and the south pole of any poetry.

The poem, in fact, should not be understood; the poem serves to understand, it is a tool, an instrument that serves to understand the world. We must reverse this idea of understanding when we are in a poem. The darkness of the poem, we use this darkness, which is a fundamental experience, to look at the world, it is clairvoyance all of a sudden, which will explode, and which will make us live. The poem is therefore used to understand.

Pierre spoke about modernity and narration, etc. I'm not modern; I say that I love tradition so much that I invent one every day, and that is my definition of modernity — every time I write a poem, I write a ritual of poetry; I found a tradition. And perhaps the impasses of experimentation made it so that they did not found their experimentation, and that they played games, which Adonis stated just now.

Modernity is also to try to be in equivalence with our own tradition, and to continue it. And here I am going to find myself in *The Myth of Philomene* — it is a book that I will publish soon — this small detail is of some importance —

Philomène had been violated, had her tongue torn out, and who will tell her story without tongue, and this for me founds poetry, since she will write a text without speaking, without words, and she will be released by her sister, who in the story will be changed into a bird. For some Greeks, Philomène was transformed into a swallow, and for others as well as in the Latin of Ovid into a nightingale, and this for 2500 years until today. And one thing I realized is that the swallow was an image, that it is a bird that doesn't make so much noise, that does not sing so much, even if it emits a groan of pleasure, in the infinity of its race. The swallow is a bird of vision, while the nightingale is heard. And that there is a dialectic, between a poetry of the eye, and a poetry of the ear, which is a fundamental dialectic, and which can sometimes separate a whole history of poetry. And the error of poetry is to believe that it is only of the ear. Today we are witnessing a radical transformation; it is a dialectic between the ear and the eye. Surrealism, for example, is also a poetry of the swallow, of vision. And it is this interpenetration, which I could develop to infinity, that we must question again today.

PJ: In fact, Serge, we have all of that: Ezra Pound already explained back in the '20s of the last century that poetry has always — although to different degrees depending upon the time and place — consisted of three elements: *phanopoeia*, which has to do with vision, so the eye, then *melopoeia*, sound, music, so the ear, and *logopoeia*, thought, the intellect, the more abstract faculty. A poem must be made — and has always been made — of those three elements, and so there is a synthesis, I think, more than a mere dialectical opposition between vision and sound.

Serge Pey: And to finish, I think that Pasolini has partly answered these things, too. He is a great visionary, a great poet also, who makes images, with cinema, and who writes at the same time, and in view of such things, and in the *Scritti corsari*, Pasolini already denounces this civilization, this society in the process of decaying, where everything is for sale, everything can be bought, etc. And he says something that struck me a lot: "Mussolini's fascism did not succeed in destroying the poetics of the young people of the Roman suburbs, whereas in ten years of this new society, this society has destroyed it." Pasolini already spoke of an invisible fascism.

Alem Surre-Garcia: I might talk about something more prosaic because we're in a particular place. Those who have lived through this day here until now, may have realized that we have been engulfed by fog since early this morning. So we were sort of invisible to the rest of the world. Then, little by little, the mountains appeared, but only their base. Everything else was in the clouds. [...] We are here with the Pyrenees, and what I always wonder about when I'm in Toulouse, when I pass the Pont Neuf, or when I'm on the docks: will I see the Pyrenees today? ... And the relation I, like other Toulousains, can have with the Pyrenees, isn't to simply see a mountainous barrier that can be quite beautiful, but because we have acquired more & more culture, it is something else. That is to say that, beyond my family origins, I say to myself: oh yes, I am there, behind, beyond, toward the south. But at the same time I know that, after four centuries, contact with Al Andalous is just behind the Pyrenees — from the 8th C to the beginning of the 12th, and even up to the 13th. And the lands of Toulouse were close to Al Andalous. It was recovered, because it does not exist in the history of France, the hexagonal history.

So this mountain, which could be a barrier, suddenly it offers something extraordinary, because if this barrier was seen by the French romantics as being the end of the west and the beginning of the east, Africa being beyond the Pyrenees, today we realize that, perhaps, they tell me, these Pyrenees, ah yes, I know that my personal orient is on the other side. And maybe that's one of the directions. Since we have tried to speak for some time of the orients of Occitanie; not the singular, which does not exist. There is not an orient; if not, tell me which way you speak of it? Is it the Armenian or Japanese orient? Similarly, the West does not exist. Who are you talking about? You talk about Laplanders, or Argentinians, or the natives of the highlands of Latin America. What is this "West"? There are occidents and there are directions. That's what we discover little by little, and poetry helps us too. I think about that. We live with an invisible presence, which induces an encounter and a transformation.

Finally, then, we have this notion of *convivencia*, which I touched upon, and which we are pursuing again today —

there is an itinerary. It was a historian of the last century, Américo Castro, who reconsidered Al-Andalus, and especially the period of the caliphate, and specifically the 9th C caliphate, destroyed by fundamentalists of all kinds. And that period was an attempt at coexistence between several cultures, several languages, and many visions, many ways of having a relationship with the divine. This notion of *convivencia*, passed the Pyrenees, as many things pass the Pyrenees from Zaragoza, since highest antiquity. And we took up this notion of *convivencia* and gave it a definition today. I will bounce off what was said earlier. This definition is the first in Occitan: "*Lo biais de viure amassa dins lo respièch de l'alteritat (en se e fòra de se) en tota egalitat.*" ["The art of living together in the respect of otherness in all equality."] So it's a bit long, but it's an art; it's learning to live together, but it isn't enough. If we have to live together, under what conditions will we do so? By respecting alterity, especially that of the other. And we realized that there is something missing. And what's missing, and you've talked about it this afternoon, is otherness in and of itself. That is to say, the other, the stranger, the strangeness we carry, which can be both the dark side, even our dark impulses, which we do not want to see, but it can also be our secret gardens, our intimate gardens. It can also be the part of the angel we call, it can be the smile of the angel, it can be the garden of God, it can be a lot of things, it can just be the familial origins that come from elsewhere, and which I try to conceal. It's all this strangeness that will allow me to meet the strangeness of the other, otherwise the

other will always remain different, and there is no osmosis. And that's why, when I see the Pyrenees, it's this osmosis that they convey to me — do not forget that, do not forget that! Thank you.

Rainer J. Hanshe: Contrarily, in order for true hospitality to exist, difference must always remain. In eliminating difference, in reaching some total form of osmosis as you speak of, the other is made similar, and so, the other is no longer a guest, and an erasure occurs that is in part violent. It is therefore a way of eliminating strangeness.

In the aftermath of the announcement of the death of God, which Nietzsche made, it is said that the shadow of the dead God would last a thousand years. And this shadow, which is the time in which we live, is nihilism. In place of religion, Nietzsche created his philosophy of the future, for he knows that we cannot live without some form of the sacred. Do you think that poetry today can replace religion? And does it need some of the old mythologies as a foundation, or can we, as a culture, as a civilization, create new myths by which to live and shape our civilization?

Adonis: It's a question about us all here, not just about me. First, I do not believe that poetry seeks to replace religion. It has nothing to do with religion. Religion is, as I say and I repeat, a definitive answer, while poetry is an infinite perpetual question. So there is nothing to see between poetry and religion. That said, I am not against religion as an individual

experience that manages the relationship between man and the afterlife. He is free to believe; it is a right of the human being, and we must defend this right and respect it too. But I am against religion as an institution. Institutionalizing a belief, and imposing it by force on a whole society, that's what we must all be against. So I do not think there is a connection between poetry & religion.

RJH: It is not religion as a definitive answer that I think of, nor does Nietzsche, but as an *open* sacred technology of the spirit, as an *open* mythos, which later Bataille, Blanchot, and Klossowski, to speak of three French figures who pursued and thought out (via *Acéphale*, and their work in general) this question with considerable depth and subtlety. The polytheistic religions are not problematic in the sense in which you seem to persistently think of religion. While poetry is clearly individual, as Octavio Paz said, "religion and poetry both tend toward communion; both begin in solitude and attempt, through the means of sacred nourishment, to break that solitude & return to man his innocence." "Poetry," he later says, is "a secret form — illegal, irregular — of religion: a heterodoxy, not because it does not admit dogma, but because it manifests itself in a private and many times anarchical way."

PJ: Could we create, could the poet create a myth that would help ... ?

Adonis: ... perhaps. You cannot create a myth like ancient myths; maybe you can create other myths. But in this case what does myth mean? That is something that would be like an institution accepted by everyone. Why? Poetry is an individual affair. It is a personal affair between people, each independent; it does not have a collective vision, it does not aim to institutionalize ideas or thoughts. It's like asking yourself, what can love do? Love is the highest experience of the human being. As poetry is the highest expression of the human being. And what can love do, which is deeper and more organic? What can it do? It can only continue.

In addition, I do not quite agree with the questions that suppose that there are solutions somewhere and that it is enough to name these solutions to get rid of all our problems. There are no solutions. The solution exists by living and analyzing, and by dreaming our existence. That is to say that if there are solutions, it comes from the problem itself, the analysis of this problem and the understanding of this problem. And I believe that in this world right now, no one sees what he is doing himself. He always sees what the other is doing. And I'd like to see somebody, especially in the realm of politics, this current politics that is destroying the whole world, someone who would say, well, I made mistakes. No. I do not see anyone. While all politics in the world today is based on mistakes. Always the other, Russia is the culprit, the American is the culprit, China is the culprit. Always. It's the other one who's guilty, but what did I do? I did nothing.

I am pure and the other is the devil. So poetry has nothing to do with this world that is essentially false and anti-human. It's trying to create another world. We need to better understand this world in which we live. Only, look at the current geography of the world … is it a human world? Just look. The problem is there, in my opinion. And nobody is responsible, it is the other, but who is the other, the others? Everyone says it's the other, so there is a chaos in the world today. I do not know where we are going with this chaos.

Conversations dans les Pyrénées

Adonis & Pierre Joris

Invocation Pyrénéenne

Quel privilège que de participer à cette rencontre exceptionnelle des *Porteurs de Mots* et avec cette année Adonis qui nous fait le grand honneur de nous guider.

Cette rencontre annuelle est le fruit de plusieurs années d'échanges. Depuis 2000 avec Franck Morinière et Laurence Bru nous avons partagés & échangés idées & ressources. C'est Franck qui m'a envoyé à ma première Estivada à Rodez, et m'a ouvert sur le monde artistique Occitan où j'ai rencontré Jacme & Patricia. Au fils des ans ont suivi de merveilleux échanges, ici quasi chaque année, et puis à Paris, Toulouse & New York, avec Adonis, Alem, Serge & Chiara.

Pour honorer tous ces liens j'aimerais offrit une invocation basée sur mes résonances personnelles avec cette montagne qui nous entoure et qui me parle et qui me dit:

> Ils m'appellent Pyrénées*, nom de genre féminin
> qui vient du Grec ancien Πυρήνη • (Purḗnē)
> On dit que je suis la tombe de Pyrène fille du roi Bébryx
> On dit qu'Hercule m'a séduite en route pour ses travaux Nº10
> On dit qu'après son départ désespérée je m'enfonçai dans les forêts
> On dit que d'un serpent j'ai enfanté & que des bêtes sauvages
>   [m'ont dévorée
> On dit qu'Hercule m'entendit crier et qu'il construit cette
>   [montagne pour m'enterrer
> On dit que le bas relief en granit de la Hemna de Oô —
> aujourd'hui au musée des Augustins — en serait une mémoire.

& je dis :

c'est sa copie que j'ai d'abord rencontré

au musée de Luchon en 1991

c'était l'été

I am looped je m'emboucle

& je la peins

serpent vulve sein

vulve serpent sein

sein vulve serpent

ça me réveille ça me ranime

est-ce un bonheur antique ?

ou le kundalini qui me titille ?

cette femme de Oô

cette femme au serpent

certains l'appellent la luxure

la luxure dans la langue de l'église

porte l'étiquette : péché numéro 7

suis-je coupable ?

cette vulve exubérante *&* surabondante *&* jaillissante

ANTE PECATUM EST

suis-je coupable ?

non !

cette belle vulve me parle

elle n'incarne ni péché ni vice

qui a fait d'une pomme une poire si ce n'est la religion ?

le serpent n'a pas toujours été souffrance

il célèbre la vie en moi il célèbre la mort

les deux ont leur place *&* pas forcément en opposition

Cet Ouroboros
— mis en evidence par Alem il y a presque 15 ans —
s'est animé
déplace la pierre
pierre s'anime
peirahitta pierre dressée
devient peira de car
peira de moviment
aquera peira
n'est plus enterrée ni fichée
pierre qui parle
pierre qui crie
pierre qui chante
pierre qui saigne
& si vous ne me croyez
demandez donc à Marcela Delpastre !

Que cette force tellurique millénaire des Pyrénées inspire notre rencontre. & comme nous le dit Adonis :

"Je demande qu'on lise et qu'on relise différemment cette histoire afin que soit possible un autre recommencement."

Nicole Peyrafitte

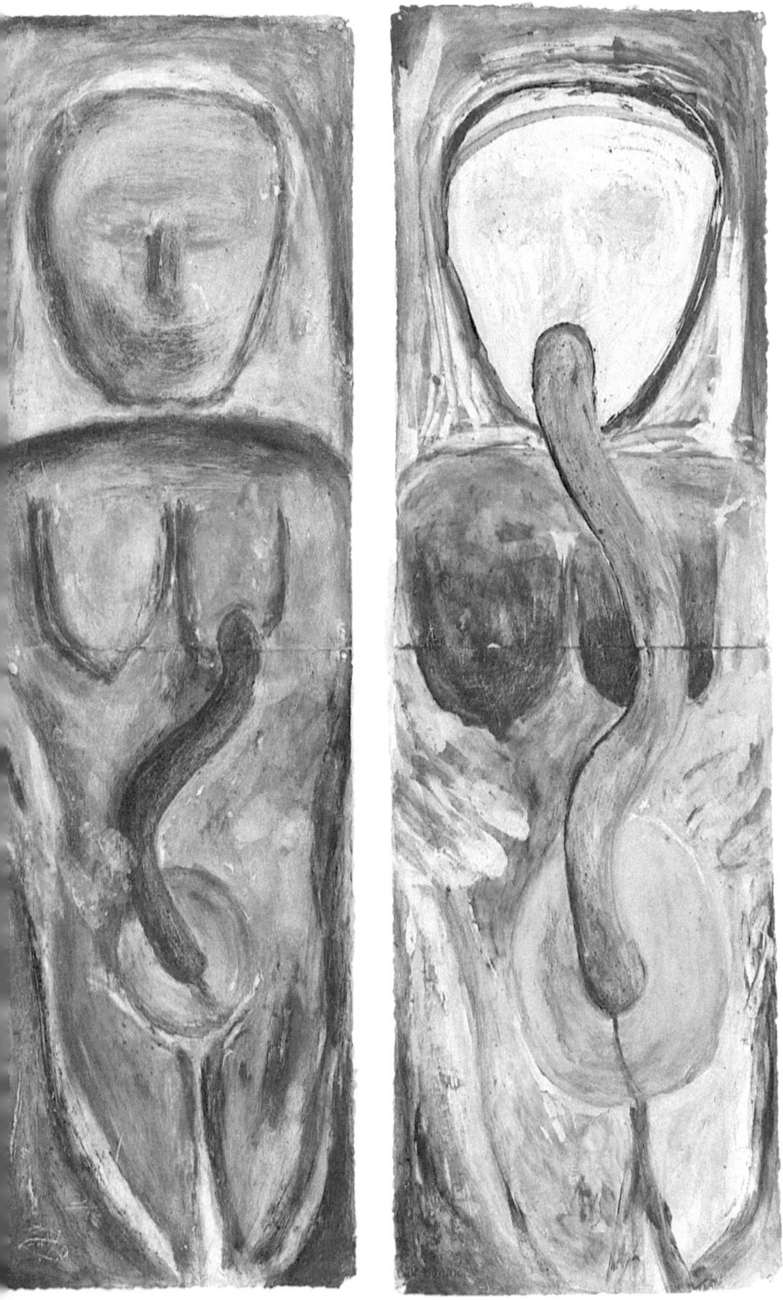

Franck Morinière : Mot de Bienvenue

Bonjour à tous. Pour cet entretien qui va durer presque quatre heures, on a défini quelques règles du jeu, en voici la première : le brouillard va se lever dans quelques minutes, le soleil va arriver. Il est possible que cet après-midi par contre, nous soyons dans la salle. C'est Pierre Joris — poète, traducteur, essayiste, anthologiste — qui a préparé et qui va mener ces entretiens. On va les laisser s'exprimer, et vers dix-sept heures, une demi-heure avant la fin de l'entretien, si certains souhaitent poser des questions, s'entretenir, on le fera à ce moment-là. On ne va pas couper ni s'arrêter pour interférer dans la pensée et la construction de cette rencontre.

Pierre Joris : L'atlal de l'avenir

Merci Franck. Merci beaucoup pour l'occasion, pour Lily, pour Germ, c'est magnifique d'être ici. Une grande question, toute abstraite pour l'instant, c'est comment nos pratiques artistiques, poésie, musique, performances — tous les gens qui sont ici travaillent dans ces aires — infiltrent et déplacent nos champs d'action, culturels et autres ? On est déjà dans une aire de dialogue, et la langue... Car voyez vous, Adonis et moi, chez vous, nous nous exprimons dans des langues qui ne sont pas nos langues premières, ni celles dans lesquelles nous écrivons. Evidemment l'arabe pour Adonis, et pour moi l'anglais. On pourrait y revenir plus tard

quand nous parlerons de poétique, car cela aussi nous permet-
tra de dépasser l'aire culturelle française, même si ici en fait,
nous sommes dans l'aire occitane, avec toutes les connexions
que cette région peut avoir avec ce que l'on appelle mainte-
nant le Moyen-Orient.

Mais parlons d'Adonis.

Il y a une richesse, une complexité dans le travail d'Ado-
nis, qui place ce travail parmi les plus grandes réalisations
poétiques de ce siècle, de ces deux siècles, sur lesquels je vois
Adonis assis à califourchon avançant vers l'avenir comme
Imrou'l Qays, lancé sur sa chamelle, à travers le désert. On
est dans un désert encore aujourd'hui, évidemment. Cela
était une image et nous parlerons de l'image après, car c'est
aussi toute une question. Cette œuvre n'est pas une rapide
adequatio d'une poésie arabe traditionnellement moder-
niste aux idées d'une avant garde euro-américaine. Elle est
invention et exploration de formes et de champs nouveaux,
dérivés intrinsèquement et extrinsèquement basés sur une
réévaluation de la poétique arabe qui, comme il nous l'a
enseigné, avait déjà connu sa grande révolution moderniste,
c'est-à-dire baudelairienne-rimbaldienne, il y a mille ans sous
la dynastie des Abbassides à Bagdad, avec des figures comme
Abu Nuwâs, Abu Tammam et les grands poètes mystiques.
De Mansour al-Hallaj au début de cette période, jusqu'à
Ibn Al-Roumi à la fin de cette période. Cependant, malgré
cet exploit, l'œuvre d'Adonis n'est jamais auto-satisfaite.
Car le poète sait que la langue, même la plus dense, la plus
riche, la plus vivante au niveau musical, n'est pas et ne peut

jamais être demeure, ou chez soi, malgré notre désir qu'il en soit ainsi. La langue c'est l'étranger, l'autre dans lequel nous voulons nous couler, mais qui reste irrémédiablement le dehors, notre dehors, dans lequel nous construisons notre demeure future, demeure que nous n'habiterons jamais. Et Adonis, le poète en exil par excellence, est conscient que c'est là sa condition existentielle de base, quand il dit : « J'écris dans une langue qui m'exile. Si nous admettons l'histoire biblique et coranique d'Agar et d'Ismaël, nous nous rendons compte que pour le poète arabe la maternité, la paternité et la langue tous trois sont nés dans l'exil. Au commencement est donc l'exil et non pas le verbe ». La réalisation de l'exil est la condition initiale de tout commencement, celui de la poésie inclus, et plutôt que de le rendre triste et nostalgique, cette réalisation donne de l'énergie au poète. Pour utiliser une fois encore l'image originaire des Mu'allaqat : l'exilé se trouvera par hasard ou volontairement face à *l'atlal*, les ruines du campement du passé — que ce soit le mont Famad ou Beirut après les bombardements. Ce qui l'aura amené ici et ce qu'il s'agira de louer après *l'atlal* n'est plus le cheval ou la chamelle rapide mais c'est la pensée rapide et coupante, l'arme blanche de *l'intelleto* qui donnera un sens, des sens, à tous ces dispersements. Mais cela même, pour ne pas être scalpel d'autopsie s'enfonçant dans le cadavre culturel, devra être rythmé par la *melopoeia*, une musique qui crée le *tarab*, c'est le mot qui, j'en suis sûr, a donné celui de troubadour et qui donc fait l'alliance entre l'Orient et l'Occident. Le *tarab*, donc l'expérience d'une extase, est atteint quand la musicalité du vers correspond aux visions et pensées exprimées par le poème. Comme le dit Roumi : « Si tu n'as pas l'expérience du *tarab*, comment peux-tu prétendre être vivant ? ». La vision poétique d'Adonis, informée comme elle l'est par le passé et le présent, regarde droit devant elle, vers l'avenir. Pour lui la poésie deviendra « le creuset dans lequel l'espace et le temps, l'ancien et le moderne, la science et le rêve se rencontreront. La poésie se concentrera toujours plus sur le désir et le plaisir. Le poème sera transgression. Et cependant, comme la tête d'Orphée, le poème naviguera sur le fleuve univers, complètement contenu dans le corps de la langue ». Fin de citation. Bienvenu, Adonis.

Premier Entretien

PJ : Une grande question pour ces entretiens : comment nos pratiques artistiques — poésie, musique, performance — infiltrent & déplacent nos champs d'actions, culturels & autres. Notre façon de procéder : je dialoguerai avec Adonis pendant un certain temps et ensuite j'ouvrirai l'entretien premièrement aux autres participants de notre rencontre et dans un deuxième moment à notre public.

J'aimerais commencer en réfléchissant sur le texte que l'on a entendu hier soir, c'est-à-dire *L'Histoire qui se déchire sur le corps d'une femme*. Le titre même m'interpelle immédiatement. Est-ce « l'Histoire » avec un grand H ? Ou la petite histoire mytho-poétique légendaire ? Voilà une première partie de la question, la deuxième étant comment se fait-il que « l'Histoire » se déchire sur le corps, ne serait-ce pas plutôt le corps qui se déchire sur « l'Histoire », qui est déchiré par « l'Histoire » ? En écho à la présentation d'hier soir[1] : l'exil d'Ajar est emblématique du sort réservé à la femme dans tous les monothéismes. En te suivant, Adonis — « ni prophète, ni magicien » — comment ouvrir nos champs d'investigation à ces sources exiliques sans nous abîmer dans un sédentaire binaire mâle-femelle ? Pour utiliser les termes de Nicole Peyrafitte, comment créer un espace expansif plutôt qu'extensif, un espace qui reste question ?

1. Présentation et lecture par Sara Jalabert du livre d'Adonis, *Histoire qui se déchire sur le corps d'une femme.*

Adonis : Merci cher Pierre, tu m'as comblé, et merci aux maîtres du lieu, et merci aux amis qui sont là avec nous. *L'Histoire* est ici le sort du monothéisme, donc c'est un point de vue sur le monothéisme, mais vu par la femme, vu par ce qui a été rejeté. Le Dieu monothéiste a créé l'homme seulement, pas la femme, à son image. La femme n'a pas été créée à l'image de Dieu. Elle a été créée par une côte de l'homme et donc originellement la femme est rejetée par le monothéisme. Cette vision, incarnée par toute une histoire des trois monothéismes, ce poème essaye de la revoir et de donner à la femme la voix pour la critiquer radicalement. Je ne sais pas si j'ai réussi ou bien si le poème est beau. Donc c'est une critique du monothéisme, et je crois que le monothéisme est à revoir, et je crois personnellement, ça n'engage que moi-même, que la vision monothéiste est un commencement de la décadence de l'être humain. C'est fort, c'est dur, mais c'est ce que je crois.

PJ : C'est donc bien l'histoire avec un grand H qui commence ton texte, pas la légende, même si c'est très souvent, et on en parlera plus tard, des effets de légende et de petites histoires reprises par certaines personnes qui deviennent canoniquement la loi. Alors à ce niveau-là, je voulais te demander si le fait que tu prennes la voix d'une femme dans ce poème à 95%, est-ce que cela au niveau de la poésie arabe, ou classique, ou même contemporaine, n'est pas une forme expérimentale de travail ?

Adonis : Notre histoire, à nous Arabes, est très compliquée, surtout avec l'islam. Je crois qu'il faut d'abord repenser l'islam. Je ne peux pas parler du judaïsme, du christianisme, c'est aux juifs et aux chrétiens d'en parler. Mais je peux parler du monothéisme musulman. Pour mieux comprendre ce poème, ou pour mieux répondre à votre question, il faut que je rappelle que l'islam est le dernier monothéisme comme vous le savez, mais il était le système le plus définitif, le plus fermé, et s'était fondé surtout sur une vision de pouvoir et donc de violence. Je dirais qu'il a été fondé sur trois piliers. Le premier étant que le prophète de l'islam est le sceau des prophètes, le dernier des prophètes et il n'y aura plus d'autres prophètes. Donc c'est là la première clôture. Deuxième pilier : les vérités transmises par ce prophète sont les vérités ultimes et il n'y aura plus d'autres vérités. Voici la deuxième clôture. Et le troisième : le monde c'est deux personnes, musulmans et non-musulmans, juifs ou non-juifs, chrétiens ou non-chrétiens. Donc l'essentiel n'est pas l'être humain en tant qu'être humain, mais le croyant. Le quatrième pilier si on pousse cette logique, si l'on va avec elle un peu plus loin, Dieu lui-même n'a plus rien à dire, car il a dit son dernier mot à son dernier prophète. En ce qui concerne l'islam, cette vision est liée organiquement, je dirais, étroitement, au pouvoir. Et le pouvoir est lié organiquement à la violence. Donc c'est un monde de pouvoir et de violence. Le prophète était le messager de Dieu, mais avec la pratique, Dieu est devenu le messager du prophète. Il n'est plus qu'un moyen pour faire ce que le pouvoir a dans la tête. La religion, à proprement parler, n'est plus qu'un moyen, un instrument, pour réaliser l'histoire du pouvoir et de la violence. Et je crois que ce que l'on peut dire de l'islam sur ce plan, on peut le répéter en ce qui concerne le judaïsme et le christianisme, avec une petite différence que je tiens à dire. Je fais la différence entre la personne du Christ et l'Eglise et quand je dis christianisme dans ce contexte, je parle de l'Eglise et pas du Christ. Le Christ était Dieu, mort pour sauver l'homme, et c'était Dieu qui a libéré la femme. Il était le premier. Et donc c'est le contraire dans le judaïsme et dans l'islam, c'est l'homme qui doit mourir pour défendre Dieu. C'est tout à fait le contraire. Je termine avec cette différence.

PJ : Mais tu ne voulais pas parler des autres monothéismes. Venant moi-même d'un monothéisme, le christianisme, bien que je l'ai rejeté très jeune, je dirais que quelque part l'Eglise chrétienne est assez jalouse car, effectivement, l'islam est la perfection des autres monothéismes à ce niveau-là, il est la pointe la plus avancée de la même pensée, du même désir de pouvoir absolu.

Adonis : Absolument. La preuve est que l'on vit cette histoire. Le monothéisme est toujours un commencement, mais si on va vers l'avenir, cet avenir est derrière nous et pas devant nous. Dans tous les monothéismes, si l'on doit progresser, il faut retourner : à Moïse, à Mohamed, au Christ. L'avenir est toujours le passé.

PJ : Donc en fait c'est le père de tous donc Abraham, qui est aussi le père d'Ismaël, donc le consort d'Agar qui ...

Adonis : Je ne sais pas mais peut-être, j'ose dire qu'il faut repenser aussi Abraham, il est peut-être lui aussi une pure invention, une légende, donc c'est à repenser. Mais ça ne change rien, il est là, plus vivant que jamais, comme Mohamed et comme les prophètes de la Bible qui sont toujours là. Et ceux qui dirigent le monde actuellement, ce n'est pas nous, ce sont eux.

PJ : Donc si on veut, la définition de la nation arabe que tu donnes, que tu mets dans la bouche d'Agar : « Mon lit, une nation esclave qui se multiplie la nuit et déchire ses enfants pendant le jour », s'applique en fait à tous les monothéismes.

Adonis : Mais regardez un exemple vivant : Jérusalem, la ville sacrée par les trois monothéismes. S'il y a un seul Dieu, si la parole de Dieu est une pour les trois monothéismes, cette ville au moins doit être un exemple extraordinaire de coexistence, de paix, d'humanité ... Alors qu'elle est pratiquement la ville la plus sauvage du monde — pour laquelle sauver l'être humain n'est pas du tout le but. La pierre elle-même, la pierre lui est plus chère, plus humaine que l'être humain. Elle ne défend pas l'être humain, mais un imaginaire, un pouvoir, des intérêts, on n'y défend pas l'être humain.

PJ : Est-ce que je peux revenir une fois encore sur quelque chose que tu fais dire à Agar : « Entre moi et moi-même, mon

exil et ma question sur moi-même demeure sans réponse ».
Pourquoi demeure-t-elle sans réponse et à qui la pose-t-elle ?
Et est-elle en droit d'attendre une réponse de quelqu'un
d'autre que d'elle-même ?

Adonis : Toujours dans le monothéisme, il faut voir la
non-subjectivité. Il n'y a pas de subjectivité dans le mono-
théisme en islam. Il y a toujours le groupe, ce que l'on appelle
actuellement la *umma*. L'individu n'est qu'une feuille dans
un arbre. Cela n'a pas de sens. Son sens est d'être là sur une
branche dans cet arbre, mais en tant qu'individu, il n'existe
pas. Donc il n'y a pas de subjectivité même en islam. L'islam
dit : « Si tu interprètes même le Coran individuellement, tu
ne peux pas faire ça. » Interpréter le Coran, c'est l'interpréta-
tion collective, c'est l'abstraction de la *umma*. Donc l'indivi-
du, surtout la femme, n'existe pas. C'est un mot, ce n'est pas
un être qui est maître de soi-même et qui est maître de son
destin. Donc il n'existe pas.

PJ : Et à ce niveau-là il n'y aurait pas de différence entre la
femme et l'homme ?

Adonis : Non, on ne peut pas faire la comparaison entre la
femme et l'homme. La femme est une dépendance absolue,
elle n'a aucune indépendance. Aucune.

PJ : Quand tu dis : « La femme, langue endormie qui n'est
pas encore réveillée. Elle est toujours... »

Adonis : C'est une image pour réveiller la femme. Parce que je dis toujours, si le monde arabe veut être libre, veut se libérer, c'est la femme qui doit libérer l'homme arabe et le monde arabe. Si la femme le libère, le monde arabe restaure tout ça. Assujetti, enchaîné, il n'est pas contre ça en tout cas. Donc le conflit, la guerre réelle dans toute l'histoire arabe, c'est la guerre entre les apostats et les croyants. Ou ceux que l'on a appelés apostats. C'était la guerre entre poètes et docteurs de la loi, comme on dit, entre mystique et orthodoxie, entre philosophes et religion. Et c'est notre histoire. Et c'est sa richesse. Mais malheureusement jusqu'à maintenant, c'est interdit de voir notre histoire dans cette perspective.

PJ : Il y a presque de l'espoir qui surgit quand tu fais dire encore à Agar : « L'herbe est lignes, / la terre un cahier, / et je suis l'encre de ce lieu ». Et en même temps m'est venue l'idée, oui elle est l'encre, mais il n'y a pas encore de *kalâm*, il n'y a pas encore de plume, cette chose assez phallique si tu veux, qui devrait la canaliser. Est-ce qu'elle peut devenir *kalâm* aussi ?

Adonis : Chose extraordinaire que ceux qui ont créé ce que l'on appelle civilisation arabe n'étaient pas les orthodoxes, les croyants, les hommes de pouvoir, sauf exception, il y a toujours des exceptions, mais en général et sur le plan de l'institution et du pouvoir, toujours les poètes qui ne sont pas croyants ou n'étaient pas croyants, les philosophes qui n'étaient pas croyants, les mystiques qui ont bouleversé la vision religieuse orthodoxe, ce sont eux qui ont créé cette grande civilisation, et par exemple on ne voit absolument pas dans toute notre histoire poétique un seul poète dont on peut dire qu'il est un grand poète et en même temps croyant. Comme on peut dire d'un Claudel par exemple, ou d'un Mario Luzi. Jamais. Tous les poètes étaient antireligieux. Et si vous les lisez dans cette perspective, le mysticisme était une grande révolution. Ils ont changé la conception même de Dieu.

Dieu dans le mysticisme n'est pas une force qui dirige le monde de l'extérieur. Dans le mysticisme de l'islam, Dieu n'est pas une force abstraite, il est immanent, il fait parti du monde, des choses, des arbres et des montagnes. Et même, les mystiques ont changé la conception de l'identité. En islam et dans les monothéismes, l'identité c'est : on est chrétien, on est juif, on est musulman. Le mystique dit non, on est humain et cette identité c'est l'homme qui la crée au fur et à mesure. Et l'être humain crée son identité en créant son œuvre. Donc les mystiques ont tout changé. Même sur le plan de l'écriture, ce que l'on appelle écriture automatique par exemple, on a appelé ça une dictée inconsciente. Ils ont changé la conception de la réalité. C'était une révolution à l'intérieur de l'islam, mais cette révolution a été rejetée.

PJ : Je veux revenir plus en détails dans la deuxième heure sur cette question-là, justement. Pour le moment je voulais encore retourner en arrière, vers le désert. Agar est une figure importante pour moi aussi — regarde (montre le tatouage sur son avant-bras gauche à Adonis), j'ai tatoué, inscrit sur mon bras, le mot arabe qui dit l'exil, h.j.r. — et qui est titre d'un de mes recueils — et dont les trois consonnes disent aussi le nom hébreux d'Agar. Mais là j'aimerais remonter plus loin qu'Abraham, qui lui vient de Ur, je veux remonter du côté des sumériens, et avant tout vers la figure d'Inanna, cette déesse sur laquelle Nicole et moi on a beaucoup travaillé, spécifiquement à travers la figure historique d'Enheduanna, peut-être la première poète dont le nom et quelques textes, par ailleurs superbes, nous soient parvenus. Elle était fille du roi Sargon et prêtresse d'Inanna à Our. Et là par exemple, au niveau poétologique, il y aurait encore beaucoup à travailler, à puiser, parce qu'il paraît que tous ses poèmes étaient écrits en deux voix, une voix pour l'homme et une voix pour la femme, donc une certaine égalité et en même temps une grande proximité. Toute cette mythologie...

Adonis : ... A été bouleversée par le monothéisme. La femme était la base pas seulement de la vie quotidienne, de la société, c'était la base de la pensée aussi. Comme l'homme. Il n'y avait pas de différence sur ce plan. Mais imagine qu'un prophète, le père des prophètes puisse laisser son enfant et sa femme dans le désert. Il les laisse et elle part, souvenez-vous.

PJ : Est-ce-que ce ne serait pas le boulot du poète de remonter à ces mythes antérieurs et de les ramener, c'est à dire de ne pas laisser l'histoire, la poésie et la poétique d'Enheduanna se perdre ou être ensevelie par les sables mâles des siècles suivants ?

Adonis : Absolument. Et c'est ce qu'on a essayé de faire dans notre revue avec l'Islam, qui évidemment fait partie de l'histoire universelle. Il est entré comme élément essentiel mais il a été transformé en mystique, en poésie, en philosophie, et actuellement il en fait partie à ce niveau-là. C'est ce que nous pensions — mais la réalité est autre.

PJ : Oui, et c'est pourquoi à la fin de ce livre — on parle toujours de *Histoire qui se déchire sur le corps d'une femme* — la femme est lapidée. Pourquoi ? Est-ce que justement, c'est ce que je viens de dire, est ce que ce n'est pas le boulot du poète de réécrire l'histoire ? C'est ce que j'ai essayé d'affirmer dans une pièce de théâtre qui a été montée en 2016. Cette pièce met en scène Ingeborg Bachmann, la poète autrichienne, dans son *barzakh*, son coma, son passage de la vie à la mort — qui dura trois semaines — dans lequel je la fais rencontrer les hommes importants de sa vie et parmi eux, Hans Werner Henze, le compositeur avec lequel elle travaille sur l'opéra qui raconte aussi l'histoire d'Orphée et d'Eurydice. Et Bachmann, dans mon texte, dit : quand Orphée se retourne il tombe raide mort parce qu'il voit Eurydice bien en vie et en union avec le serpent cosmique dont parlait Nicole [Peyrafitte] hier soir. Et Eurydice enjambe le corps d'Orphée mort et entre dans la lumière du monde. Evidemment il y a Henze qui dit : mais non, tu ne peux pas réécrire les vieux mythes, les mythes sont les mythes, mais Bachmann insiste que c'est justement ça le boulot du poète, réécrire, écrire, composer les mythes qu'il nous faut.

Adonis : Il faut beaucoup d'études anthropologiques. Pourquoi le monothéisme a changé la position de la femme dans la société, dans la vie et dans la pensée ? Ça c'est une chose à étudier et je n'ai pas vu d'études sur ce problème. Pourquoi le monothéisme a changé la situation de la femme dans l'existence, dans la vie quotidienne et dans la vie sociale ? Je ne peux pas répondre à cette question. Mais je constate qu'il en a été ainsi. Pourquoi ont-ils divisé l'être humain entre le corps et l'esprit ? Le corps est le lieu du péché qu'il faut absolument détester et l'homme... Ou bien ils ont dit qu'il y a un autre monde dans le ciel où il y aura tout ce que les êtres humains veulent. Ce qui est illicite sur terre devient licite. Et dans tous les sens, même l'homosexualité. Pourquoi on fait ça ? Pourquoi l'homme a cette croyance, pourquoi est-il devenu croyant. Ce sont des choses à étudier. Le monothéisme a bien réussi à diviser l'être humain, à diviser le monde. J'ai demandé une fois à un père : mais si le corps de la femme est le lieu du péché, pourquoi vous acceptez que la femme puisse engendrer un prophète ?

PJ : Un Dieu, même !

Adonis : Par exemple. Il n'a rien dit. Mais donc il y a des questions qui jusqu'à maintenant n'ont pas de réponse. Et moi j'essaye de critiquer ou bien de donner une réponse, mais poétiquement parlant. Il faudra beaucoup d'autres études, mais malheureusement je n'en vois pas. Je n'ai pas de réponses à ces questions.

PJ : Alors on s'avance un peu, je ne sais pas où on en est avec le temps mais on va s'avancer vers la deuxième section, que j'avais un peu définie comme...

Adonis : ... Excuse-moi. Par exemple, ce qui est contra-dictoire, l'islam croit que les prophètes de la bible sont les prophètes des musulmans. Mais pourquoi donc cette guerre entre les deux ? Si votre prophète est le mien, pourquoi je fais la guerre contre vous ?

PJ : Parce qu'il veut le pouvoir.

Adonis : Voilà ! Donc, le monothéisme et l'islam étaient coups d'Etat économiques et politiques. Simplement. Mais ils avaient besoin d'une idéologie. L'islam était le premier qui ait utilisé la poésie comme instrument idéologique. Mais il a échoué.

PJ : Donc à ce moment-là, comment nous, en tant que poètes, musiciens, artistes, pouvons-nous répondre ? Quel est notre boulot ?

Adonis : D'abord repenser le monothéisme et moi j'ai fait ce que je peux faire. Je suis anti-monothéiste sur tous les plans. Radicalement et totalement. Et je crois qu'être monothéiste c'est être contre soi-même, contre l'être humain, parce que le monde est un mouvement, le monde est une ouverture à l'infini et ce qui est essentiel pour l'être humain c'est l'autre être humain. Ce n'est pas un monde qui n'existe pas qui est le… Un homme qui est monothéiste ne vit pas sur terre, il vit dans son imaginaire. Donc le monothéisme est un cas actuellement psychologique, ce n'est pas un cas social ou bien de civilisation, c'est plutôt psychologique pour moi. Comment quelqu'un, un jeune homme, entre dans une église ou une mosquée et s'explose et va tuer des personnes qu'il ne connaît pas, des enfants… D'où vient cette conviction ? D'où vient cette idée ? Et ce que fait le musulman actuellement au nom de l'islam, le chrétien l'a fait lors de l'Inquisition et le juif aussi. Pas entre eux, c'est ça ce qui est différent. Le peuple juif a bien réussi à vivre en paix, bien qu'il y ait des contradictions. J'ai vu, une fois, une manifestation de juifs orthodoxes, avec des bannières : « Zionism is a new Nazism ». Un juif qui a fait ça ! Donc il y a une certaine paix entre les contradictions juives. Mais on ne peut pas voir ça en islam ou chez les chrétiens. C'est à repenser aussi. Tous les monothéistes, nous devons nous remettre en question nous-mêmes.

PJ : Tu dis que c'est une question psychologique. C'est vrai, mais j'essaie de voir si en plus il ne faudrait pas essayer de rattacher cette question psychologique à des questions plus terre à terre, le social, l'environnement ?

Adonis : Pierre, il faut voir… D'abord, toi et moi, on est de civilisations différentes, de pays différents, de moments historiques différents… L'essentiel entre nous — pas entre toi et moi — non, entre les humains, c'est la croyance, ce n'est pas le côté humain. Si tu es croyant comme moi, tu es plus proche de moi. Pourquoi ce qui est humain n'est pas le commun entre moi et toi ? Le côté humain nous sépare même, ce qui nous réunit ce sont des idées de croyances. C'est essentiellement *faux* — et nous vivons dans cette fausseté. Et chacun de nous est responsable de cela, chacun de nous. Le pouvoir profite de ça, la politique profite de ça, l'utilise. Le cas qui nous frappe tous, c'est le cas de l'islam et du judaïsme ? L'islam n'est qu'une nouvelle version de la Bible ! Ce conflit, pourquoi ce conflit, pourquoi ? Voilà.

PJ : On l'a dit, pour moi c'est essentiellement une question de pouvoir.

Adonis : C'était le conflit des frères.

PJ : C'est très biblique ça, le conflit des frères.

Maintenant, je voudrais aller vers le deuxième thème que je propose pour ces entretiens, et qui pour moi est exactement : comment créer ? On sait que le matérialisme de base que le 20ème siècle a essayé d'installer à tous les niveaux ne fonctionne pas non plus. Qu'il y a un élément spirituel quelque part. Comment alors créer une spiritualité areligieuse, une spiritualité qui ne soit pas prise dans un monothéisme ou une croyance. Comment une spiritualité, et là on va venir à la pensée soufie évidemment, peut elle servir le poète aujourd'hui ? A New York quand on t'a entendu parler il y a un mois, tu as eu la belle phrase : « La religion est une réponse, la poésie est une question ». Comment le soufisme qui d'habitude est considéré comme le pendant, l'aide mystique de l'islam et est d'une certaine façon et d'une façon certaine imbriqué dans le religieux, la croyance — par, par exemple, la répétition du nom de Dieu pour aller à l'extase — comment cette spiritualité-là peut-elle nous amener à une spiritualité athéologique ? Comment le soufisme peut-il être détaché du religieux ?

Adonis : Peut-être faut-il chercher un autre mot pour spiritualité. Spiritualité nous renvoie à la religion, au monothéisme, donc il faut chercher un autre mot. Parce que quand on dit spirituel, il y a le corporel, il y a la religion, il y a le paradis, etc. ; c'est tout un imaginaire qui est lié à ce mot. Je ne vois pas d'autre mot, mais utilisons-le par défaut. Mais le fait d'écrire, le fait d'écrire de la poésie, le fait d'aimer… L'homme… Il faut voir d'abord la place de l'homme dans cet univers. Est-ce qu'on a une réponse définitive concernant notre existence dans cet univers, dans ce monde ? La religion nous dit oui, mais tout ce qui est areligieux nous dit non. Le monde est infini et l'être humain est fini, et ce que doit faire l'être humain c'est explorer ce monde dans lequel il vit. Il doit être basé sur des expériences et non sur des idées. Et c'est ça la révolution mystique, au lieu de fonder l'univers sur des idées, sur une croyance, ils l'ont fondé sur une expérience. Et l'expérience est une ouverture et il n'y a pas de réponse et chacun a son expérience à lui. Et c'est tout à fait différent, il n'y a aucun mystique qui est comme l'autre, il y a une expérience, une grande expérience, comme un océan, et les nageurs dans cet océan, chacun a son expérience et chacun sa force et sa présence dans le monde. Il y a des amitiés, mais chacun est seul.

Ce n'est pas facile de changer trois mille ans de croyances, d'habitudes... C'est un monde fondé sur ces idées. Ce n'est pas facile pour toi ou pour moi de changer le monde. Mais on peut commencer par repenser ce monde et essayer de dire, chacun de nous, ce qu'on vit réellement dans son corps, pas dans sa tête. Je crois que la vie intime peut nous aider beaucoup. Je crois que même le rapport entre femme et homme, si on est toujours plus proche de notre corps, on vit mieux et on comprend mieux. Et tant qu'on est loin de notre corps et plus proche de notre tête, les problèmes commencent.

Et il n'y a pas un instant, dans l'acte d'aimer, dans l'amour, où on sent que... On ne sait jamais si on est en vie ou si on est mort, il n'y a aucune présence de la raison de la tête. Ça peut nous aider que l'essentiel ne soit pas dans l'idée, l'idée est une abstraction qui change avec le temps, mais l'essentiel est notre présence au sein même de notre corps. Si on essaye de voir le monde à travers cette expérience, je crois que tout peut changer. Et l'homme n'est pas proche de l'autre par leurs idées communes. Je crois quand même, la poésie par exemple, quand vous écrivez un poème et vous lisez ce poème, vous touchez les gens, la masse, le public, par tout ce qui est commun dans ce poème et vous touchez l'individu par ce qui n'est pas commun. Il faut éviter le commun dans cette expérience. Le commun c'est banal, c'est répété, c'est tout le monde. C'est comme la mort. La mort est banale parce que tout le monde meurt. Et ça ne change rien, absolument. Mais ce qui est essentiel, ce qui est problématique c'est la vie — donc le problème de l'être humain ce n'est pas la mort, c'est la vie. Comment vivre, voilà l'essentiel. Si on commence à poser ces questions, au-delà du monothéisme qui a tout déformé ... Je ne sais pas moi [rire].

PJ : Ça semble subitement très facile quand tu le dis Adonis, mais en fait, pourquoi à ce moment-là, disons historiquement, il y a cette immense masse magnifique et très compliquée de textes soufis ? J'ai une question que je me pose depuis longtemps et à laquelle tu pourras peut-être répondre : c'est la question de la différence de *l'image* dans la poésie et dans le soufisme. Dans le soufisme, l'image voile ce qui est trop éclairant, c'est-à-dire elle voile pour qu'on puisse voir quelque chose malgré l'aveuglant soleil du Dieu ou de l'absolu, et donc elle nous permet de voir quelque chose. Par contre, pour la poésie, il ne doit y avoir ni Dieu ni maître et donc l'image ne peut pas, n'a pas besoin d'avoir cette fonction de voiler une lumière trop éclatante pour nous pauvres humains, elle est par contre censée éclairer le sens, le monde — mais, en même temps, pourquoi avons-nous besoin de cet éclairement, s'il n'est pas aveuglant ? C'est-à-dire il n'y aurait pas besoin d'images dans la poésie, au moins au niveau de la pensée soufie, parce qu'il n'y a rien à cacher ?

Adonis : Je n'ai pas bien saisi l'idée.

PJ : Est-ce qu'il n'y a pas la possibilité que l'image devienne pure truchement esthétique et finira par obscurcir le sens ? On vient de cette tradition très riche de l'image dans le soufisme où elle est nécessaire, parce qu'on ne peut pas regarder en face ce Un — qui n'existe pas d'ailleurs. Il y a à réfléchir à l'utilité de l'image. Est-ce qu'elle peut devenir un truchement purement esthétique qui cache plus qu'elle ne révèle ?

Adonis : Ça dépend. Mais d'abord pourquoi l'image ? Pourquoi le poète a-t-il toujours recours à l'image, pourquoi l'image ? Il y a des poètes qui nient l'image. Il y a des gens qui disent que l'image déforme le monde, qu'il faut le voir directement sans images. Mais c'est faux. Même le mot, en arabe, est fondé sur une image. Il y a beaucoup de mots qui ne sont qu'une image. Et l'image c'est pour, je parle du côté arabe seulement, je ne sais pas pour les autres langues. L'image c'est pour voir ou bien expliquer le rapport entre ce que l'on appelle sens, l'essence du mot, qu'est-ce que c'est l'essence du mot ? Qu'est-ce que c'est l'essence d'une chose ? La fleur a une essence ou seulement elle est une forme devant nous. Les Arabes en général, les Sémites en général, croient qu'il y a une essence du mot donc il y a une forme. Pour arriver à expliquer ou à mieux comprendre cette essence, tu as besoin d'une langue imagée. D'une langue qui peut créer de nouveaux rapports entre toi et la chose ou bien l'essence. Cette création d'images, la langue fondée sur l'image peut dans un sens révéler et dans un sens aussi cacher. Parce qu'une image cache un aspect de l'essence tout en dévoilant un autre aspect.

C'est pourquoi l'essence, en mystique, est l'image en tant que présence, mais l'essence dépasse toute image. Dans ce sens l'image voile et ne dévoile pas. Mais d'un autre côté, on ne peut arriver à connaître l'essence qu'à travers l'image. Et dans ce sens l'image est voilement, voile.

PJ : Comme l'encre qui écrit sur le blanc et qui révèle en fait le sens. Parce que tu viens de faire un poème magnifique à mes oreilles, en français, où pour moi l'essence et le sens deviennent la même chose, est-ce que l'essence et le sens peuvent-être la même chose ?

Adonis : Non, le sens est un aspect de l'essence. Mais vu par l'image, à travers l'image. Donc poétiquement parlant, le langage poétique c'est essentiellement l'image. Une poésie sans image, ou bien fondée sur une langue non imagée, directe, devient narrative, antipoétique, selon notre tradition arabe. Mais je crois que la réalité de l'écriture poétique c'est une autre chose. Par exemple aux Etats-Unis dans la plupart de la poésie, il n'y a pas d'images.

PJ : Il y a une certaine tradition dans ce qu'on appelle le modernisme qui remonte au début du 20ème siècle, encore très importante dans ce que l'on appelle la New York School dans les années 50/60, et qui insistait sur une très nécessaire action de décapage d'une langue poétique vieillie, même vieillotte, victorienne, avec des images très traditionnelles, éculées. Ces poètes critiquaient une écriture qui se signalait comme « poème » simplement par le fait qu'elle comportait beaucoup de métaphores, images recherchées et/ou étranges, mais qui ne voulait rien dire au-delà de dire : je suis poème. En réaction à cette poésie victorienne et edwardienne — on pourrait remonter à Ezra Pound et William Carlos Williams, même si eux aussi ont travaillé avec des images, mais d'une façon nouvelle — on a eu vers le milieu du siècle une réaction bien plus radicale, celle de ce groupe très new-yorkais, qui a décapé la langue en utilisant la langue et les actions du quotidien, quelque chose de très clair, de très fin. Mais ce qui est magnifique quand Frank O'Hara, par exemple, met un paquet de cigarette dans son poème, ce paquet est là comme un objet de tous les jours sans vouloir être métaphore qui voile quelque chose ou qui signale autre chose que lui-même. Même si, évidemment, ce paquet finit par devenir image. Ou encore, quand cette fois sur la côte Ouest, Jack Spicer disait : « Je voudrais faire des poèmes avec de vrais objets. Que le citron — dans le poème — soit un citron que le lecteur puisse couper ou presser ou goûter. Un vrai citron comme un journal dans un collage est un vrai journal ». Et pas seulement image, métaphore.

Je crois que c'était un travail nécessaire, un peu comme toi tu as fait avec la poésie arabe classique et néoclassique, qu'il a fallu que tu retravailles, que tu décapes du trop-plein de répétitions qu'elles soient au niveau de la forme (rimes et mesures trop restrictives) ou du contenu (sujets convenus, limités). Il y a un travail à faire pour qu'une nouvelle image puisse en sortir. D'ailleurs, on a vu un nouveau sens de l'image émerger chez les poètes américains — je ne peux pas parler tellement des poètes français — un peu plus tard (c.à.d. à partir des années 60) chez des poètes comme Robert Kelly et Jerome Rothenberg. Ils ont parlé de *deep image*, l'image profonde, et leur but était de rechercher un niveau d'image plus vrai, plus sérieux, que l'image esthétisante et dont la découverte et l'emploi mèneraient vers un renouveau du poème.

Adonis : Je crois qu'il y a une tradition en arabe — d'abord, notre première tradition c'est la poésie. Il y avait seulement la poésie. Le poète était le journaliste, l'homme politique, il était tout. Et la poésie exprime toute la société et toute la culture de la société. Le poète prétendait avant l'islam que c'est lui qui dit, ou qui peut dire ce que l'on appelle vérité. Une fois que l'islam est là, celui-ci dit le contraire : c'est la religion, c'est la révélation seule qui dit la vérité. Et donc la poésie n'est qu'une erreur qu'il faut rejeter — comme l'a dit d'ailleurs Platon.

PJ : Voilà — j'allais dire la même chose : Mohamed et Platon, même combat !

Adonis : Heureusement que les poètes n'ont pas écouté Platon. Les poètes avaient recours à l'image car pour dire leur vérité, ils ne pouvaient pas la dire directement sinon le poète risquait sa vie. Ils avaient recours à la langue imagée, à l'image, et l'image a joué un très grand rôle, même dans le conflit ou bien le refus de la religion, de l'islam, dans notre tradition.

PJ : Est ce qu'il n'y a pas aussi ce fait linguistique qu'en arabe il y a — plus que dans d'autres langues — une façon dont un même mot peut aisément dire deux choses tout à fait opposées l'une de l'autre — des auto-antonymes ou *contranymes*. Ce qui a justement permis à nombre de poèmes d'être écrits et qu'on pouvait montrer au Khalife sans se faire décapiter, tandis que d'autres lecteurs ou auditeurs comprenaient bien que ça voulait dire l'opposé.

Adonis : Exactement, il y a les *addad*, où le mot dit le sens et son contraire en même temps. Mais il faut voir ça dans le contexte du mot. Le contexte change tout.

PJ : Donc le mot peut avoir un contexte dans lequel il doit fonctionner avec l'un ou l'autre sens. Mais dans la poésie qui jouait là-dessus, sur cette ambiguïté, ça devait être très compliqué...

Adonis : ... À ce moment-là, il y a des problèmes avec ce que l'on appelle le public. Le public, ou bien le lecteur, ne comprend que ce qui est direct. Quand le poète a une poésie imagée, où il y a plein d'images, il ne comprend rien. L'homme ordinaire exige un langage poétique direct et clair et qui dit ce que l'homme ordinaire voit et vit et comprend. Ça c'est le commencement de l'éloignement entre les poètes de l'image et le grand public.

PJ : Et donc tu crois que les gens qui entendaient les poèmes d'Imru' Al-Qais ou de Ibn Tarafa — mon favori, parmi les préislamiques ! — Tu crois que les gens du village, du campement, ils ne comprenaient pas tout ? Parce que cette poésie est d'une complexité énorme.

Adonis : Non, pas dans la période préislamique, il n'y avait pas d'écriture, tout le monde était intellectuel à sa façon, tout le monde connaissait et comprenait la poésie. Mais ça a commencé avec la vie en ville. Ça a commencé à Damas, puis à Bagdad, où il y a eu une autre culture, des échanges, des influences avec d'autres civilisations. Ils ont changé. Et Abu Tammam c'était le premier qui à Baghdad a créé ce qu'on appelle le langage de la ville, de la cité, comme Baudelaire ici en France, et il a créé la poésie quotidienne, pas dans le désert quotidien mais dans la ville.

PJ : Alors tu crois que les urbains de son époque pouvaient bien le comprendre ?

Adonis : Absolument. Mais le conflit des idées des civilisations a commencé. Abou Nouwas, par exemple, toute sa poésie était contre la religion et c'est pourquoi il écrivait dans une langue d'images — pour ne pas être tué.

PJ : On n'a plus ce danger là pour le moment dans nos régions, on ne peut plus être tué pour ce qu'on écrit en poésie. Du moins en Occident...

Je voulais revenir un peu vers des choses ayant trait au soufisme. On ne s'est pas aventurés là... J'allais parler de toute cette histoire de la métaphore contre le symbole et toute cette tropologie...

Adonis : ... C'est un peu technique.

PJ : Oui, c'est un peu technique. On va peut-être garder ça pour plus tard. Tu as dit dans *Le Fixe et le Mobile* par exemple, que la métaphore est la forme artistique de la pensée. Tu veux dire avec ça que le poète doit penser, pense, par la métaphore et le philosophe, lui, pense par le chemin droit de la prose.

Adonis : C'est ça... Bien qu'il ait aussi eu recours à des narrations, à des contes symboliques.

PJ : Oui, exactement — chez Platon, l'histoire de la caverne, c'est une métaphore. Dans la pensée arabe, le symbolisme a souvent été utilisé non pour éclaircir mais pour cacher, j'en avais déjà parlé. Pour limiter. Je pense à Ben Jaafar que tu cites : « Une personne utilise un symbole en parlant quand elle veut cacher le sens de ce qu'elle dit à ceux auxquels elle parle et n'informer que quelques-uns ».

Adonis : Pour ne pas oublier, les docteurs de la loi, par exemple, je veux dire les conformistes, ou bien les orthodoxes, refusaient et refusent jusqu'à maintenant qu'il y ait des images dans le Coran. Il faut comprendre le Coran à la lettre. Pas d'images, parce que s'il y a de l'image, il y aura beaucoup d'interprétations, et s'il y a beaucoup d'interprétations, le texte s'envole. Il faut comprendre le texte coranique textuellement, littéralement. Il n'y a pas d'images, il n'y a pas de métaphores et Dieu n'utilise pas ça… Heureusement [rire]. C'est un autre aspect du conflit entre religion et poésie.

PJ : Quand toi tu nommes ta deuxième revue *Mawaqif*, je pense immédiatement au soufisme, mais est-ce que c'était par référence à an-Niffari directement…

Adonis : … Directement …

PJ : … Ou est-ce que c'était plus métaphorique, dans le sens d'une station, d'un arrêt, d'un point de rassemblement où tu collectes des textes ?

Adonis : Cela a une histoire et c'est bien de la raconter. An-Niffari, je l'ai lu pour la première fois en 1965 dans une traduction anglaise et c'est l'orientaliste [A.J.] Arberry qui a publié ce manuscrit [*du Kitāb al-Mawāqif, Le Livre des haltes* ou *Le Livre des Stations*]. Et j'ai vu que ce manuscrit — an-Niffari a vécu au 4ᵉᵐᵉ siècle de l'Hégire, c'est à dire au 10ème siècle de votre époque — a attendu mille ans pour être retrouvé et publié à Londres. Ensuite il a été réédité au Caire en 1965. Une fois, j'écrivais dans la bibliothèque d'une université américaine et j'ai vu ce manuscrit par hasard. Et j'ai lu le *Mawāqif* de An-Niffari. J'étais bouleversé... Parce que j'ai lu, j'ai vu un texte qui m'a rappelé Lautréamont, qui m'a rappelé les grands poètes occidentaux que je connais. Alors, bouleversé, je n'ai pas dormi cette nuit-là en lisant ce texte.

Entre guillemets, ça va paraître prochainement — en Septembre — aux éditions des Belles Lettres. On a fait une traduction nouvelle en français avec Donatien Grau, ensemble, on a traduit ça ensemble. Et la maison d'édition était enchantée.

C'est donc pour célébrer an-Niffari que j'avais appelé la revue *Mawāqif*.

PJ : Il y a une quinzaine d'années, c'est un poète jordanien, Amjad Nasser, qui m'a donné une photocopie du livre de Niffari dans l'édition d'Arberry, parce qu'évidemment ce livre n'existe plus, il est épuisé.

Adonis : Maintenant c'est un livre de chevet.

PJ : Mais c'est étrange comme les choses reviennent. On en a parlé hier, quand j'avais dit comment, en ce qui concerne la France, l'intérêt pour les poètes troubadours est revenu un peu grâce au poète américain Ezra Pound, qui a retraduit certains de ces troubadours. Et ensuite cela revient vers Paris parce que si Pound l'a dit, alors cela doit être intéressant, valable. De la même manière an-Niffari revient dans le monde arabe via l'anglais Arberry. La poésie est nomade.

Adonis : Nous les poètes, les êtres humains, c'est ça qui est essentiel, c'est sur cela qu'il faut se fonder — et non pas sur les idées, les croyances, les intérêts.

PJ : Parce qu'il y a eu de façon assez intéressante, je crois, des moments où le soufisme est entré dans la pensée de la poésie contemporaine américaine.

Adonis : Le soufisme de l'islam ou bien... ?

PJ : Non, le soufisme. Et un soufisme très spécifique... C'est Robert Duncan et Charles Olson qui ont lu Henry Corbin et qui ont commencé à réfléchir au concept ibn-Arabi-esque du *ta'wil*, c'est à dire à ce que Henry Corbin définit comme « l'exégèse qui ramène l'âme à la vérité ». Et c'est devenu une pensée assez centrale dans cette poésie américaine. Robert Kelly, par exemple, a développé une poétique où il décrit la première ligne d'un poème comme étant le *ta'wil*, c'est-à-dire l'exégèse, et cette première ligne a pu être donnée par un rêve, ou comme inscription, bribe de mot, sur un camion qui passe, peu importe où tu la trouves, mais le développement du poème c'est le *ta'wil*, une manière et active et passive pour le poète de travailler avec cette première donnée, cette première ligne.

Adonis : Tawil ou tauwil ?

PJ : Ta'wil, l'interprétation, l'exégèse. Je ne sais pas si cela te parle du tout, mais moi ça m'a beaucoup intéressé, d'ailleurs toute l'œuvre de Corbin et sa réflexion sur Avicenne et ensuite celle sur Ibn Arabi...

Adonis : C'était un très grand penseur mystique, Henry Corbin, comme Massignon. Massignon a écrit un très grand livre sur Al-Hallaj. Je n'ai pas lu la poésie de Kelly ou d'Olson, pour te répondre, je ne sais pas.

PJ : Voilà encore en fait des mouvements, des transferts qui doivent se faire, parce que je crois qu'il n'y a pas assez de traductions entre les divers continents poétiques, continents qui pourraient s'enrichir tellement et mieux se connaître à ces niveaux-là.

On en est où ? Il est onze heures vingt-trois, on a presque parlé deux heures. Est-ce qu'il y a des questions chez nos amis poètes ?

Serge Pey : Je n'ai pas de questions mais des réflexions.

Adonis : Oui.

Serge Pey : J'ai des questions évidemment, car penser c'est toujours se mettre en danger, et comme le disait mon ami Henri Meschonnic, penser c'est toujours penser l'inconnu. C'est difficile de résumer en une minute ma réflexion sur vingt ans de travail en séminaire autour de la poésie, de la religion, de l'islam et des monothéismes. Grâce à Adonis d'ailleurs — quand tu m'as édité dans la revue *Mawāqif* il y a près de trente ans — je me suis mis à lire le Coran. Et je l'ai lu avec mon ami Jamel Eddine Bencheikh, qui a traduit les contes des *Mille et Une Nuits* à la Pléiade. Et lui se disait athée, culturellement musulman, mais athée philosophiquement. Et il m'avait fait remarquer une chose qui m'a complètement éclairé, qu'à la Mecque, autour de la Kaaba, la pierre noire qui était célébrée depuis la préhistoire, il y avait un rassemblement magnifique à l'époque ante-islamique et qui était l'accrochage de poèmes.

Adonis : Les *Mou'allaqat* ...

Pey : Mais le premier acte du général de la pensée, qui était le « prophète », a été d'interdire l'accrochage de la poésie. Cela pour moi a été remarquable, parce que la poésie faisait concurrence à la prophétie. C'est ce qui m'a permis de réfléchir aux autres monothéismes et aussi à Spinoza par exemple. C'est-à-dire que j'ai pu interpréter la religion théologico-politique — un mot très barbare mais qui veut bien dire la chose, justement que la religion opère une différence entre le sacré, le divin et le religieux qui sont trois concepts différents. Evidemment, la religion n'est que la confiscation du sacré et du divin avec un objectif politique. Il y a aussi quelque chose qui m'a frappé, c'est l'origine du soufisme. Alors je sais bien que parler de l'origine c'est souvent délicat mais avec un groupe d'intellectuels dans lequel il y avait d'ailleurs ton ami Abdellatif Laâbi, nous pensions que le soufisme a été le refuge de la poésie qui n'avait pas le choix d'exister autrement, qu'en faisant semblant « d'épouser » ce théologico-politique et donc de développer au nom de l'islam, ou à côté de l'islam, ou contre, d'une manière souterraine, cette poésie qui est magnifique.

La troisième chose qui m'a stupéfié c'est lorsque j'ai lu le passage des poètes dans le Coran, le statut que nous avons à l'intérieur de ce théologico-politique, et ce n'est pas le même que celui de Platon. Platon dit qu'il faut chasser les poètes de la République, ce qui n'a rien à voir avec la sourate des poètes. La difficulté pour nous, en tant que poètes et philosophes, qui pensons le poème dans la société, c'est cette relation entre la vie et le langage qui se modifient l'un et l'autre, la vie qui modifie le langage et le langage qui va modifier la vie. Penser le mouvement et penser un concept dans le mouvement, c'est toujours difficile. Et donc nous avons tendance à penser la poésie comme un corpus arrêté avec un pré-savoir éternel et infini. Or, le concept même du poème est quelque chose qui a profondément évolué dans le temps, qui est contradictoire. Poésie en Afrique n'est pas pareil que poésie en Amérique Latine, etc. Si ce n'est ce sentiment, et là je suis d'accord avec Adonis, c'est justement l'animisme qui fait que l'homme, l'être humain a un rapport à l'infini, une liberté absolue et il invente ce rapport comme un miroir. C'est penser le mouvement, et la poésie dont parle Platon, qui lui-même est un poète, dénonce d'autres courants poétiques qui étaient transmetteurs de mythes et non de vérité. C'est un débat éternel.

Pour en revenir au monothéisme, souvenez-vous d'une chose, c'est que le christianisme n'a rien à voir avec ce catholicisme inquisitorial, que c'était un mouvement de libération féministe d'abord, le christianisme. Il n'y a qu'à voir le nombre de femmes qui sont martyrs, qui se sont battues pour leur liberté, c'est un mouvement anti-esclavagiste, il ne faut jamais l'oublier...

Je pense aussi que les polythéismes ont fait la même chose [que les monothéismes] — en Amérique, par exemple chez les Aztèques, c'est quelque chose de monstrueux... En revanche l'animisme est quelque chose qui s'oppose aussi au polythéisme et je crois que l'animiste, le poète traditionnel, qui était aussi un chaman, un guérisseur, lui, c'est notre frère fondamental ou notre sœur fondamentale, dans l'histoire du mouvement même de la poésie, mais j'en profite pour remercier Pierre qui mène ce débat d'une manière exemplaire et qui nous conduit à penser ce que nous pensons, et merci encore à Adonis.

PJ : Adonis, tu veux dire quelque chose en réponse à ce sens d'un encyclopédisme poétique ?

Adonis : Non, je suis assez d'accord avec lui, surtout en ce qui concerne le mouvement et le changement. Et tu sais que notre grand-père, un très grand poète, Héraclite disait : « Tu ne traverses pas la rivière deux fois ». La vie est un perpétuel mouvement, un perpétuel changement, et je crois que l'être humain est essentiellement poète. Chaque être humain est poète, mais surtout le paysan qui laboure la terre, il change la terre. Il créé de nouveaux rapports entre lui et ce que cette terre engendre ou va engendrer, et la poésie n'est donc pas seulement écrire un poème — c'est créer des nouveaux rapports entre l'homme et l'univers, entre l'homme et l'homme, entre l'homme et le cosmos. C'est ça, la poésie. Changer, créer de nouveaux rapports pour donner une nouvelle image de l'univers, plus profonde et plus humaine, c'est ça la poésie. On est tous poètes d'une manière ou d'une autre. Pourquoi ne pas continuer et rester comme ça ? Pourquoi croire à des idées, à un autre monde ? Notre monde, la vie et la plus belle, le plus beau des mondes qui existe, c'est la vie qui compte et on doit changer cette vie pour le mieux. Voilà, c'est ça la poésie. Même l'amour est poésie, même la politique dans un sens est poésie. L'être humain est un être poétique.

PJ : Voilà, je crois qu'il n'y a rien à redire là-dessus. Merci, on reprendra cet après-midi.

Deuxième Entretien

[Interlude de Salavador Paterna à l'Oud].

PJ : Merci beaucoup pour ce magnifique morceau d'Oud, Salvador! Moi, je crois que chaque rencontre entre poètes, amis, artistes ou entre n'importe qui et même entre des gens qui ne s'aiment pas devrait comporter un oud, parce que l'oud éclaircit l'air et tisse des connections.

Je vais donc relancer la discussion et j'aimerais commencer à parler une fois encore, mais de façon un peu plus détaillée, d'une question qui me paraît pertinente et qui est toujours là quelque part dans le domaine de la poésie, à savoir les notions de clarté et d'obscurité. Il y a une phrase d'Ibn Arabi — parce que ça nous lie une fois encore aussi à la pensée soufie — que j'aimerais citer. Ibn Arabi dit : « la transcendance au sein de l'immanence, l'invisible c'est le visible, mais plus ouvert et plus poussé ». Très belle contradiction. Et moi en même temps j'avais immédiatement pensé, mais je ne sais pas comment les lier, à une belle phrase de Paul Celan, le grand poète de langue allemande de la fin du 20ème siècle et qui dit que « le poème naît dans l'obscurité... Une obscurité congénitale, constitutive qui appartient au poème d'aujourdhui. » Voilà. Cette notion du clair et de l'obscur dans le poème, qu'en est-il ?

Adonis : Je crois que Celan voulait dire que l'obscurité et la clarté est un problème social, un problème culturel et existentiel. Ce n'est pas un problème poétique à proprement parler. Mais il faut demander d'abord, qu'est-ce que l'obscur et qu'est-ce que le clair ? Le clair est-il vraiment clair, et l'obscur vraiment obscur ? Est ce qu'on peut vraiment arriver à transformer l'existence humaine en clarté absolue ? Mais pourquoi chercher la clarté ? Pourquoi ? Personnellement, je cherche ce qui est obscur, parce que l'obscur me questionne, ouvre pour moi une porte pour questionner les choses et le monde. Et je crois qu'on ne peut pas généraliser ce qui est obscur et ce qui est clair, c'est lié à une certaine tradition, à une certaine culture. J'aimerais donc me limiter à ce qui est arabe, à ce qui est traditionnellement arabe. Dans la période préislamique, il n'y avait jamais cette question de l'obscur et du clair. Jamais elle n'a été posée. Elle a été posée après l'islam, parce que l'islam c'est un message et donc il fallait que tout le monde comprenne le message. C'est à ce moment-là que le problème de l'obscur et du clair a commencé. Ce problème est lié dans notre histoire à la religion, au message, à l'idéologie, mais pas à la poésie, pas à la poétique, parce qu'en poésie tout est obscur — heureusement ! Si tout est clair, la vie devient banale. Si je vous demande qu'est-ce que c'est l'amour et que vous me répondez voilà l'amour c'est cela, alors vous tuez l'amour. Donc l'amour c'est une expérience qui essaye de mieux voir le monde et de mieux vivre le monde et ce n'est pas une question de clarté et d'obscurité. Si je vous demande qu'est-ce que c'est la poésie ? Et que vous me répondez, la poésie c'est blabla, vous tuez aussi la poésie. C'est un problème idéologique, c'est un problème de message, c'est un problème culturel en général. Je ne vois pas que l'obscur et la clarté font partie de la spécificité poétique. Pas personnellement.

PJ : En pensant à ce que tu viens de dire, je dirais aussi à ce moment-là que l'islam est très moderne parce qu'il se dit message, il se trouve dans une idéologie moderniste du message ou de ce que l'on appelle information. Et l'information doit être claire comme le message doit être clair. Ce serait une idéologie très adaptée à d'autres versants de notre modernité.

Adonis : Absolument. L'islam a bien condamné la poésie sur le plan de la vérité, en disant que la poésie ne peut pas dire la vérité. C'est la religion, c'est Dieu, la révélation, qui dit la vérité, pas la poésie. Malgré ça, l'islam, le pouvoir, était la première religion à utiliser la poésie comme instrument pour faire la propagande de la religion. Il a accepté la poésie comme moyen de parler, de faire l'éloge de la religion. Et les lecteurs de l'époque, les Arabes de l'époque, disaient non, on préfère lire le Coran dans le texte, pas le lire à travers la poésie. Et ils ont minimisé l'importance de la poésie qui essaye de faire l'éloge de la religion. Ils transmettent les versets — les versets étaient versifiés, transformés en forme poétique — pour que l'Arabe puisse comprendre le message religieux plus facilement. Et c'est pourquoi la poésie n'a pas évolué durant cinquante ans. Du fondement du pouvoir de l'état islamique jusqu'à l'époque Omeyyade la poésie était presque morte.

PJ : C'est intéressant de penser cela aussi, et pendant que tu parlais autre chose m'est venu à l'esprit : ta méfiance envers le narratif — parce que tu dis qu'effectivement l'idéologie est narrative. C'est pourquoi tu te méfies du narratif et beaucoup de ton travail est en fait une continuelle déconstruction d'une narrativité linéaire. Est-ce que tu peux parler de cette notion de narratif ?

Adonis : Le narratif est supposé être… C'est la transmission d'une idée. Donc d'un message. Ce qui est narratif c'est un moyen pour transmettre des idées. Alors que la poésie n'est pas un moyen pour transmettre des idées. Le poète exprime une expérience individuelle et ce qu'il écrit, le poème, est un lieu de rencontre avec les autres, ce n'est pas un message. Ce lieu de rencontre peut être bon ou pas bon pour les autres personnes, ça dépend. Le poème c'est un lieu de rencontre et ce n'est pas un message.

PJ : Plus prosaïquement — *and I am punning*… Tu as écrit avant tout de la poésie et des essais, tu n'as jamais été tenté par le roman.

Adonis : Jamais. J'écris des essais, c'est autre chose, quelque chose de tout à fait différent. Et j'ai écrit des essais pour moi, pas pour critiquer. Pour expliquer à moi-même et pour mieux me comprendre moi-même, aussi, et ce que j'écris. Je ne fais jamais de critiques. Mes essais sont mes expériences, ma compréhension de la poésie et de ma poésie surtout.

PJ : Ok, je voulais encore revenir sur un point dont on avait déjà commencé à parler. Tu as écrit quelque part : « Pour qu'elle puisse donner une mythologie, la poésie doit d'abord avoir une portée métaphysique. Sans métaphysique on échoue à créer une légende ou un mythe. Or la poésie arabe, prise par l'imitation et le mimétisme, déteste la métaphysique. Elle se fait description, critique, louange ou satire... » Pourquoi métaphysique et comment ? Car y a-t-il une métaphysique qui ne soit pas transcendante ou religieuse ? La mythologie, d'après l'étymologie du mot, a à voir avec le mot grec *muthos* — proche de *mouth* en anglais (*bouche* en français), et penche vers le parler : le mythe est une histoire qu'on raconte, pas nécessairement métaphysique. En fait, la métaphysique serait ajoutée en supplément par l'analyse et les commentaires des savants et religieux pour que ces derniers puissent utiliser le mythe ou la mythologie à des fins de coercition. D'ailleurs, tu as fait un très beau jeu de mots en français, tu as parlé de *mothologie*, tu es passé de mytho- à mot-thologie.

On a eu toutes ces nombreuses poésies et poétiques du 20ème siècle qui ont fait un effort immense pour inventer, créer des possibilités formelles nouvelles et qui ont essayé de déconstruire cette notion du mythologique — je pense par exemple à la poésie sonore, la poésie concrète, Dada, la performance, tout cela... Est-ce que quelque part, cette pensée mythologico-métaphysique que tu appelles, elle ne pourrait pas être dans ces autres poésies ? Est-ce que ces nouvelles poésies, ces inventions formelles sont choses inutiles, à ton sens ?

Adonis : Toujours dans le contexte arabe, « physique » et « métaphysique » — « méta » ça veut dire Dieu, l'univers, l'existence, la mort, l'éternité... Tous ces problèmes, toutes ces notions sont pour moi en dehors de la poésie. Sauf si le poète en parle en image. Il dit ce qu'il croit mais en langage poétique. On connaît les grands poètes métaphysiques, comme Abu al-ʿAAlaʾ al-Maʿarri, qui disait par exemple : « L'humanité est deux personnes, une qui a la raison mais qui n'a pas de religion et une autre qui a une religion mais qui n'a pas de raison ». Mais les gens à l'époque qui s'intéressaient à la poésie considéraient ça comme une poésie philosophique ou métaphysique et ils disaient que ce n'est pas de la poésie mais de la métaphysique, de la pensée. Parce que sa manière de s'exprimer était un peu narrative, un peu éloignée du langage poétique.

Il n'y a pas, dans ce sens, une poésie métaphysique, sinon pourquoi ne pas écrire directement sur ces problèmes ? Et en plus écrire de la poésie c'est écrire à partir d'une expérience. On ne peut pas faire l'expérience du paradis, l'expérience de l'existence ou de la non-existence de Dieu, l'expérience de l'enfer, l'expérience de l'éternité. On ne peut pas transformer ces problèmes en expérience vécue. Alors la poésie doit être fondée sur une expérience personnelle, sinon ce serait dans la sphère de l'abstraction, de la pensée, ce serait une affaire de la tête et de la pensée, pas du corps et de l'expérience spirituelle.

PJ : Mais quand quelqu'un comme Ibn Arabi, qui est un soufi, qui a existentiellement vécu cette transcendance intime dans sa personne, quand il écrit, il réussit à mettre cela en poésie.

Adonis : Mais en poésie pas rythmée, ou bien selon la tradition de la poésie avec des rimes. Ce qu'il a écrit, rimé et rythmé, ce n'est pas de la bonne poésie. Mais ce qu'il a écrit en dehors de la prosodie classique c'était extraordinaire. Sa poésie c'est sa prose.

PJ : On pourrait dire qu'il a inventé une poésie moderne, qui justement n'utilise pas les rimes et les vieilles structures ?

Adonis : Absolument. Il a écrit comme Nietzsche des paragraphes, des phrases comme : « Tout lieu qui ne se féminise pas ne compte pas, ne vaut rien ». Des choses comme ça. Comme Al Taoui, un autre qui a dit : « L'ami est un autre qui est toi-même ». Les écrivains d'ici ont beaucoup écrit des phrases comme ça.

PJ : C'est une écriture aphoristique, en fait.

Adonis : L'aphorisme, mais en dehors de la prosodie traditionnelle classique.

PJ : Est-ce que cette écriture aphoristique était perçue comme révolutionnaire ou comme de l'adab — du littéraire — de base ?

Adonis : En tout cas c'était considéré comme pas poétique, c'est de la prose et de la philosophie. Dans notre milieu — qui est le milieu arabe de l'époque. Mais actuellement avec la révolution des cultures, les Arabes, les jeunes, considèrent surtout le poème en prose comme de la poésie, comme poèmes en prose.

PJ : Parce que c'est compliqué, je ne suis toujours pas certain d'avoir bien compris ce que veut dire le poème en prose dans la poétique arabe contemporaine. Si j'ai bien compris, à un moment donné les poètes, toi parmi eux, ont commencé à laisser tomber les vieilles formes, qui étaient avant tout les formes rimées, que ce soit la monorime de la qasida, ou des formes stanzaïques comme les *muwashshah*, mais ont gardé la forme métrique du vers. Et c'est ça le vers métrique mais sans rimes qu'on appelait poème en prose ?

Adonis : Avec la métrique, il n'y a pas de prose, non. Le poème en prose est en dehors de la métrique, complètement, c'est de la prose.

PJ : Et ça s'est fait dans les années 1950 ?

Adonis : Mais ça a été influencé en même temps par l'écriture des poèmes en prose en Occident, en anglais et en français, surtout influencé par Rimbaud...

PJ : ... Rimbaud et Eliot.

Adonis : ... Eliot du côté anglais, oui, mais Eliot n'a pas écrit des poèmes en prose, il a écrit la poésie libre, en vers mais sans rime. Influent aussi était Ezra Pound qui a beaucoup influencé la poésie arabe.

PJ : Est-ce qu'on a une traduction en arabe des *Cantos* de Pound ?

Adonis : On a traduit quelques *Cantos* mais pas l'œuvre complète. Mais il y a des gens qui essaient de le faire. On a traduit beaucoup de l'anglais vers l'arabe et du français aussi, et de toutes les langues. Durant les années 1960 et les années 1970, c'était la belle époque de la poésie arabe à Beyrouth.

PJ : Ce qui maintenant, et sous les conditions politiques présentes, n'est plus vrai. J'ai lu un petit rapport sur la foire du livre d'Alger et la quantité de livres traduits, de livres étrangers, était beaucoup moindre.

Adonis : Mais il y a toujours des traditionnels, des gens de la culture traditionnelle qui ne reconnaissent toujours pas le poème en prose. Au contraire, on attaque les poètes du poème en prose, on a commencé par nous attaquer, en nous accusant d'être contre la tradition arabe, contre la langue arabe, américanisés ou francisés selon le cas.

PJ : Ça nous ramène à quelque chose auquel on avait pensé et qu'on voulait discuter un peu plus, c'est qu'on se trouve

— et je ne saurais dire si c'est à la fin, au milieu ou au début — dans un siècle et demi d'immenses expérimentations, d'une extension du poétique depuis, disons Rimbaud et puis les gens qu'on a mentionnés pour tout le 20ème siècle, des futuristes russes à Dada, aux surréalistes et au-delà, et cela partout dans monde — et dans les années 1950 au Liban il y avait toi et quelques autres. C'était une immense période d'expérimentations, d'innovations — où est-ce qu'on en est maintenant ?

Adonis : En tout cas je peux parler par rapport à la situation dans les pays arabes. D'abord, il y a beaucoup d'écrivains, de poètes très doués, et surtout parmi les femmes. Nous avons des femmes extraordinaires dans tous les domaines : peinture, architecture, roman et poésie aussi. Surtout dans cette période. Chose curieuse : ces formes d'expression, peinture, roman — surtout la peinture ! — sont plus modernes que la poésie elle-même. La poésie progresse un peu. Peut-être que, comme dans le monde entier, c'est le roman qui l'emporte. Chez nous c'est peut-être la peinture, parce que la tradition romanesque chez nous est assez nouvelle, mais il y a une révolution sur le plan de la peinture qui pour moi est la meilleure expression arabe actuelle. Ce n'est ni la poésie ni le roman. Ça, je ne sais pas pourquoi, je cherche, mais les raisons m'échappent. Je le constate. Mais il y a une influence de plus en plus néfaste de l'esprit traditionnel, de la religion et de la politique fondée sur la vision religieuse. Et je crois que ce que nous vivons actuellement dans le monde arabe peut expliquer beaucoup de choses anti-culturelles, et antihumaines même. Donc on est dans une période très obscurantiste et on ressent que l'on est bloqués.

PJ : Je sais que tu préfères parler de culture arabe mais ça fait quarante ans que tu vis en Occident. Tu dois aussi avoir un sens de cette même question en Europe ou aux Etats-Unis. Tu as beaucoup voyagé à travers le monde, quel est ton sentiment à ce niveau-là ?

Adonis : C'est assez délicat d'en parler mais je vais essayer. Une fois j'ai rencontré Pierre Jean Jouve. Pierre Jean Jouve était un grand poète et il me parlait toujours de deux personnes, De Gaulle et Saint-John Perse : « De Gaulle m'a téléphoné… Saint-John Perse (qui vivait à Washington) est de passage à Paris et il m'a téléphoné. » Une fois il m'a dédicacé un livre de poésie, et je lui ai demandé : « Combien de lecteurs tu as en France ? Combien tu trouves de gens qui te comprennent, qui comprennent très bien ta poésie ? Mille personnes ? ». Et lui a répondu : « Mille personnes ! Non, non jamais ! ». Et moi : « Mais combien tu considères qu'il y a de gens qui te comprennent ? ». Il m'a dit : « Si je trouve cent personnes en France je serais très heureux. Cent personnes. J'ai des lecteurs, ils peuvent acheter… Mais ils ne comprennent pas la poésie ». Il y a quelque chose dans la structure de la société, de la culture elle-même, quelque chose qui n'est pas du côté de la poésie.

Deuxième chose, il y a eu quand même une génération extraordinaire : Jean Jouve, Henri Michaux, René Char, Jacques Prévert. Je les ai rencontrés tous, mais c'était en 1960-61. En 2000, disons, je ne vois pas une génération qui a remplacé la génération de Char, Michaux, Saint-John Perse, Pierre Jean Jouve, et le dernier, Yves Bonnefoy. Je ne vois pas. Il n'y a pas de projet, de vision, de grande vision, en Occident à mon sens.

Il y a quelqu'un parmi nous qui est... J'ose parler de lui pas pour le flatter, c'est Serge Pey. Moi personnellement j'avoue devant vous, quand je sens que je suis coincé, je n'ai rien à dire, je suis encerclé, je lis Serge Pey et comme ça, je sens que je suis un autre personnage, un autre être. Il m'ouvre, il m'incite, il me secoue et il ouvre un horizon extraordinaire.

PJ : Et ça c'est rare, pas seulement ici en France, mais aussi bien chez nous aux Etats-Unis...

Adonis : Voilà. Mais quand je lis la poésie américaine, en traduction, je vois que c'est une autre forme de narration. Je ne sais pas si c'est mon impression, je ne parle que d'après les traductions. C'est une forme de narration plus qu'elle n'est une forme nouvelle de voir le monde poétiquement ou bien en poésie. C'est dur de dire ça, mais...

PJ : Je crois que tu as raison par rapport à une assez grande partie de la production américaine. Là, je ne vais pas aller dans les détails de cette histoire, sinon j'en ai pour trois heures — et j'ai fait ça pendant très longtemps quand j'enseignais et critiquais ce genre de poésie. Je crois que pour une bonne partie tu as raison. Mais ce que cela veut dire, c'est qu'on en est arrivé à un moment où, ou bien la poésie n'a plus les pouvoirs qu'on lui donnait, ou bien on n'a pas encore des poètes qui vont trouver de nouveau une manière de la réactiver et de rendre son efficacité à la poésie.

Adonis : Moi je crois qu'il faut critiquer l'état actuel du monde et donc c'est un phénomène culturel. Cela ne veut pas dire qu'il n'y a pas de grands visionnaires et de grands poètes mais simplement que c'est la prose du monde qui l'emporte. C'est un état de culture du monde — et qui n'est pas la poésie. Et vous savez tous mieux que moi qu'il y a un tournant radical dans la culture européenne. Après l'internet, les médias, cette révolution médiatique et cette révolution de narration aussi, de romans, et cette évolution qui transforme l'œuvre d'art en marchandise. Il faut voir tout ça. J'ai été en Algérie, j'ai rencontré des amis qui s'occupent d'art, ils m'ont dit que la dernière statue de Koons, le lapin, a été vendue cinq fois sans être vue par ses acheteurs. De purs investissements financiers. Il faut se poser des questions sur cet état des choses. Et puis il y a la décadence de la vision politique en Occident. La vision politique en Occident c'est la violence antihumaine. Regardez la politique américaine, le plus grand pays du monde. La France, le pays de la révolution française, le pays des droits de l'homme. Le corps politique s'est effondré.

On ne parle pas de ça. Peut-être faut-il voir la poésie à travers ce problème. Mais les poètes sont toujours là et je crois que les plus grands qui transgressent cet état des choses sont plus ou moins marginalisés.

PJ : Mais il en fut toujours ainsi dans l'histoire.

Adonis : Mais aujourd'hui encore plus.

PJ : Koons vient d'ailleurs de trouver sa parfaite carrière. Il vient de signer un gros contrat pour le design de sacs pour dames avec des images dessus. Avec Vuitton. Et maintenant il est créateur de sacs pour dames.

Adonis : Et la matière de cette statue vendue à quatre-vingts millions de dollars, c'est du plastique !

PJ : Je crois que ce genre de mauvais art, il y en a eu à tous les moments de l'histoire. C'est-à-dire qu'on peut en trouver partout, que ce soit aux moments de la grandeur ou de la décadence de Rome ou au 19ème siècle en Europe, il y a beaucoup d'objets « d'art » qui sont du genre qu'on appellerait aujourd'hui kitsch, c'est-à-dire du purement décoratif sans valeur artistique ajoutée à part un esthétisme de surface mais auxquels une valeur monétaire est attachée qui n'a rien à voir avec une question de qualité artistique — d'un art comme vision profonde. C'est l'art devenu papier peint — je parle de l'art visuel, évidemment. En poésie, de toute façon, ce qui sauve la mise, ou peut le faire, à mon avis, c'est qu'il n'y a jamais eu de prix marchand, de valeur matérielle attachée au poème — ou alors tellement minime qu'il ne compte pas ou très peu dans la survie matérielle même du poète.

Je réfléchissais à cette période qu'on a vécue — ces trente/quarante années qui ont été « glorieuses » du côté culturel aussi, mais tu as l'air un peu pessimiste par rapport au point où on en est arrivé maintenant. Je pensais à un de mes maîtres, Charles Olson, avec lequel je tends à être d'accord de plus en plus quand il dit que dans cette culture qui va du Sumer de 3500 ans avant J.-C. à aujourd'hui, il y a eu une parenthèse immense qui s'est ouverte en Grèce avec les post-Héraclitiens — Socrate, Platon, Aristote — et qui ne s'est fermée qu'au 20ème siècle, avec Heisenberg et co., c'est-à-dire avec le principe d'incertitude, le fait de la défaite de l'un, de l'unique, et avec l'introduction du multiple et de l'indéfini. Mais il est vrai que ça devient très difficile de croire encore à cette ouverture, à ces possibilités, étant donné ce qui est en train de se passer sur la scène politique et culturelle. On a l'air coincés de nouveau, voilà, tu l'as déjà dit.

Ce que j'aimerais qu'on fasse maintenant — parce qu'on ne va pas réussir à résoudre cette grande question civilisationnelle juste là — peut-être plus tard ce soir...? On va passer à la langue. Tu as dit que tu « vivais dans une langue » — même si exilé d'un pays — mais que « dans ma langue je ne suis pas exilé ». La question serait donc : comment pourrais-je mieux me connaître à travers ma langue et ma géographie ? C'est toujours ça la base de ta philosophie, non ?

Adonis : Ecoute, Socrate dit : « Homme, connais-toi toi-même ». Est-ce que l'homme peut vraiment se connaître lui-même ? Si je me connais moi-même parfaitement, alors je deviens une chose, je deviens nul. Pourquoi insistons-nous toujours à arriver à une compréhension totale des choses ? Moi, je sens qu'au sein même de ma langue je suis exilé et que je fais des guerres intérieures entre moi et ma langue. Il y a des mots qui me refusent absolument et il y a des mots que je refuse aussi absolument. Il y a toujours des guerres à l'intérieur de moi-même. Et ce que j'arrive à écrire, quand je le relis, je me dis, non ce n'est pas moi, j'aurais aimé faire autre chose, réaliser autre chose. Ou bien ce n'est qu'un signe pour aller plus loin — et donc je ne suis jamais content ou bien voilà, j'ai fait ce que je veux. Donc au sein de ma langue je me sens exilé parce que si tu arrives tu cesses d'être existant, poétiquement parlant. Il ne faut jamais connaître les choses, ou tout connaître. Même Dieu a changé son avis. Même dans le Coran, il a changé des versets, il a dit voilà il y a des versets qu'il faut changer, il faut écrire... Il faut faire descendre un autre verset qui sera meilleur que ces autres. Si Dieu lui-même connaît tout d'avance, pourquoi avoir trois religions, pourquoi ? Il suffisait d'une seule ! Pourquoi d'abord le judaïsme, puis le christianisme, puis l'islam ? Si vraiment Dieu, le seul Dieu, s'il est lui-même, le même, comme le dit le monothéisme, pourquoi donner ou bien révéler trois religions ? Si Dieu dans ce cas n'est pas dans la connaissance totale et parfaite, alors qu'est-ce qu'on dit de l'homme ? Le problème pour moi n'est pas de connaître le monde, c'est de s'acheminer vers quelque chose. On est toujours au sein de l'inconnu, on ne connaît rien mais on essaye de connaître, on est toujours dans l'essai de connaître quelque chose.

PJ : Quand tu te dis « exilé dans ta langue », cela veut dire en mouvement dans ta langue. L'exil c'est le mouvement.

Adonis : Absolument. Parce que l'être humain ne vient pas du passé et son identité n'est pas derrière lui, il crée son identité. Une identité en perpétuelle création — c'est la vie qui est devant lui et son identité vient de l'avant, pas de derrière. Il ne connaît rien sauf ce qu'il a vécu. Et c'est pourquoi l'expérience corporelle est essentielle pour la poésie, et c'est pourquoi on ne peut pas écrire dans deux langues, créer dans deux langues, parce qu'on a une seule mère, une seule peau, on a peut-être beaucoup de pères mais une seule mère. Et la langue de la création est la langue mère.

PJ : Le seul point sur lequel je ne suis pas d'accord avec Paul Celan c'est justement celui-là, celui de la langue maternelle comme seule langue possible pour la création. Je dois l'être car j'écris moi-même dans ma quatrième langue, l'anglais, je ne sais pas écrire dans la langue de ma mère...

Adonis : C'était tragique pour lui, c'était un autre problème...

PJ : Pour lui c'était autre chose et c'est pour ça que je lui ai pardonné d'avoir dit cela : il ne pouvait écrire que dans la langue de sa mère — même si, ou justement parce que c'était la langue de ses assassins, il lui fallait écrire dans cette langue. Mais à toi, comment puis-je te pardonner quand tu me dis cela, quand tu me dis que je ne peux pas écrire de la poésie dans ma quatrième langue ?

Adonis : Ah, oui...

PJ : Autre question sur la langue. L'arabe que tu écris, on dit que c'est de « l'arabe moderne classique ». Il y a toute une question autour de la langue de l'écriture... Peut-elle aller vers le parler, le *darija* — comment te situes-tu par rapport à cette question de l'écrit et du parler dans la langue ?

Adonis : D'abord je ne suis pas contre le parler, au contraire... Les mots de la langue, chaque mot a son histoire, chaque mot est comme un être humain. Un mot préislamique, ce même mot est différent dans l'œuvre d'Abou Nouwas ou simplement après l'arrivée de l'islam. Les mêmes lettres, la même prononciation — mais pas la même identité. C'est tout à fait différent. Le mot change avec l'expérience, avec l'histoire... Et ses rapports avec les autres mots et avec les choses changent aussi. Il n'y a pas une seule langue, il y a la langue des grand-mères et il y a la langue des poètes. Chaque poète a une langue différente de l'autre s'il est vraiment un grand poète ou un vrai poète. Dans l'arabe — sur à peu près cinq ou six siècles — il y a eu dix poètes qui ont créé la beauté, ou bien la poéticité, de la langue arabe au sein de la langue commune.

Mais ces langues à l'intérieur de la langue, ça a été répété durant des siècles. Ceux qui l'ont fait, comme Rimbaud et Baudelaire par exemple, leur langue est répétée dans la poésie française et la poésie internationale aussi, d'une manière ou d'une autre. On a ainsi à peu près dix poètes qui ont créé la poéticité de la langue arabe mais chacun a ouvert un espace particulier, un espace personnel, et les autres le répètent d'une manière ou d'une autre.

Il y a *des* langues poétiques, il n'y a pas *une* langue poétique. Et ça complique la situation de la poésie vis-à-vis des lecteurs, vis-à-vis de la culture, des institutions, etc. Et toujours, toujours, les mauvais, les médiocres de la poésie arabe sont liés à l'institution et sont toujours étudiés. Et les grands qui posent des questions et des problèmes sont isolés et marginalisés. Par exemple le plus grand poète arabe, un des plus grands, un de ceux qui a créé la poéticité de la langue arabe, Abou Nouwas, il reste toujours marginalisé, toujours. De même, Abou Tammam. L'institution et le pouvoir, ou bien le pouvoir et ses institutions, déforment tout et ça continue jusqu'à maintenant, et même en France, en Europe.

PJ : Par rapport aux langues européennes ou …?

Adonis : Oui, par rapport aux grands créateurs, aux vrais créateurs.

PJ : Bon, moi je pense un peu à cela par rapport au Maghreb, parce que j'y ai passé beaucoup de temps. Et il y a la question de l'écriture au Maghreb. Est-ce qu'on peut, est-ce qu'on doit utiliser le *darija*, au Maroc, en Algérie ...?

Adonis : Il y a de beaux poèmes en *darija*, oui, oui, bien sûr, je ne suis pas contre. Mais moi, j'écris dans la langue, disons, classique. Mais j'essaye de créer ma langue à l'intérieur de cette langue classique.

PJ : Mon ami le poète marocain Abdallah Zrika a été mis en taule pour deux ans par Hassan II parce qu'il y avait trop — des milliers — d'étudiants qui venaient écouter ses lectures, c'était un vrai phénomène, un peu comme un Charles Bukowski maghrébin, du moins au niveau de l'engouement des jeunes pour sa poésie. Je lui ai demandé un jour : qu'est-ce qui rend ton écriture si populaire auprès autant d'auditoires ? Est-ce que tu utilises leur langue, la langue parlée, le *darija* ? Et Abdallah me dit : « Non, non, jamais ! ». Là, j'ai compris que dans la culture arabe, le populaire n'a pas nécessairement à voir avec la langue parlée.

Adonis : Nous au Liban on a changé ça. Dans la revue *Sh'ir* on a publié un poète *darija* à côté d'un poème littéraire classique. Cette langue il faut la respecter surtout quand elle est de grande poésie. Au Liban et en Egypte, on a des poètes qui sont parmi les plus grands et qui écrivent en dialecte, toujours.

PJ : C'est compliqué cette histoire car quand cette poésie arrive chez nous en Occident en traduction, les différents niveaux de langue ne se voient plus. La traduction tend à les gommer.

Adonis : Le dialecte est lié à l'intimité de la personne et à son corps, plus que la langue classique. La langue classique est liée à la culture, à l'histoire, à la tête, mais le dialecte est lié au corps.

PJ : C'est justement le corps que tu veux toi au centre de ta poésie.

Adonis : Exactement, et c'est pourquoi je l'aime. Si vous avez un grand poète en dialecte, c'est formidable. Et on en a.

PJ : Qui ?

Adonis : Par exemple un irakien qui s'appelle Mozaffar al-Nawab. On a au Liban Michel Trad, c'est de la grande poésie. Mais comme toujours, sur le plan de l'institution, ils n'existent pas.

PJ : Et c'est pareil ici — à Germ, dans les Pyrénées — par rapport à l'occitan, certainement.

Adonis : Et on peut étudier ce phénomène surtout en Italie. Il y a de grands poètes en dialecte à Venise, à Milan ... Et il y a beaucoup de poètes qui préfèrent le poète de dialecte aux poètes de la langue nationale.

PJ : C'est vrai... Venons-en au poème long, car j'aimerais te faire parler un peu de ton œuvre magistrale — jusqu'à aujourd'hui, il y en encore à venir ! — un poème en trois volumes qui s'appelle *al-Kitab*. C'est un titre très — comment dire — puissant, qui prend fortement position au sein de la culture arabe car il veut simplement dire *Le livre*. Il ne faut pas penser à Mallarmé ici, ça n'a rien à voir. *Al-Kitab* : il faudrait en le traduisant toujours garder comme titre le mot arabe *al-kitab*, dans toutes les langues dans lesquelles le poème sera traduit. Car, par exemple, en anglais aussi, la traduction *The Book*, ça ne donne rien. Je connais le poème un peu — mais pas nécessairement d'où il vient exactement. Je crois entrevoir un peu ses alliés, pas ses modèles, ses alliés. Evidemment je penche plutôt vers des alliés anglo-saxons, parce qu'en France je ne peux que constater l'absence de l'idée même d'un poème de cette envergure au 20ème siècle. Je pense évidemment aux *Cantos* d'Ezra Pound dont on a déjà parlé et aux *Maximus Poems* de Charles Olson — maintenant d'ailleurs très bien traduits en français par Auxeméry. Et là je voudrais commencer à parler de cette question du long poème en citant Pound qui dit : « Un *epos*, un texte épique, c'est un poème qui inclut l'histoire ». A ce niveau-là ton poème est un poème épique, donc dans un genre qui remonte à Homère. Es-tu d'accord ?

Adonis : Non. Mais je peux raconter comment je suis arrivé à écrire ce livre. En lisant l'histoire arabe et surtout l'histoire de l'islam, j'ai vu que cette histoire, telle qu'elle a été racontée, a été écrite par le pouvoir — et donc ça a été falsifié. Et puisque je suis areligieux — pas antireligieux, areligieux — j'ai essayé de détruire cette histoire de l'intérieur. Mais comment ? Je n'aime pas écrire en narration comme Homère. Narrer une histoire, je n'aime pas ça. C'est grand, mais moi peut-être que je ne peux pas, que ma capacité ne me le permet pas. Le but c'est d'être au milieu, de déconstruire cette histoire de l'intérieur. Et c'est pourquoi j'ai appelé le projet *Le livre*. On a un seul livre et c'est le *Coran*, et j'ai appelé ça le livre.

Mais comment faire, comment créer une forme qui pourrait exprimer les différents niveaux de cette histoire politique, culturelle, sociale ? J'ai passé presque un an pour étudier cette forme. C'est pourquoi à chaque page du livre, il y a trois ou quatre textes. Le livre, c'est quatre livres. Trois volumes, c'est douze livres. Un an de recherche pour trouver une forme qui ne serait pas narrative. Et un jour j'ai vu un film du metteur en scène suédois Bergman et j'ai vu sur l'écran un tableau, j'ai écouté la musique et j'ai vu deux amants, j'ai vu sur le même écran tout un monde, alors je me suis dit, voilà la forme. Il faut créer des formes, une forme de texte différente mais sur le même écran, sur la même page. Par exemple un poème sur le côté politique, un autre sur le côté social, un autre sur le côté de la situation de la femme. Et en plus il faut célébrer les grands penseurs, les grands poètes qui ont dit non à cette histoire, qui ont dit non à cette religion. Et c'est comme ça que j'ai écrit trois volumes. [Regarde un volume de l'édition française]. Ici on ne voit pas ça. Ici il n'y a pas de possibilité de faire cela, ils ont changé la composition de l'arabe.

PJ : Mais même-là [dans la version française] on a quatre textes, mais tu veux dire que dans l'édition arabe, ils sont sur la même page ? [Montre une page du livre en français à l'auditoire].

٥ ذاكرة الزاوي

في ذاكرة تَلِدُ الكلماتِ ونُولَدُ فيها

تَلِد الأشياء ونُولَدُ فيها
لا نَعرفُ حَدّاً
بين الماضي والحاضِرْ،
وُلِد الشاعِرْ

في زَمْلٍ يَعلو في صَعْدْ•
في صحراء لغاتٍ، وُلِد الشاعِرْ
عاشَ ولكن في ما يُشبه نابوتاً
سافَر، لكن في ما يشبه مقبرةً
في طقسٍ لا تخلو سَنَةٌ منهُ،
طقْسٍ للقتل (وقد لا يخلو يومٌ)
عاش الشاعِرْ

طقْسٍ كان يُعاشُ كأنْ رِباحٌ
الجُثّةُ تَنشري فيه، ومحابِرُها
والأقلام

في هذا الطقسِ، رأى الشاعِرْ
وَخْة الكون، وراح يُضيءُ مَداهُ
يَلفح باسم الإنسان الشِعرْ
وكلْ كلامْ
يَنفح ما تَلِدُ الأيّامْ

- أ -

أخبَرْتُ جَدّتي: (والمحبّون والأصدقاء يُثْنِونَ)
شَيْءٌ هوى

مَاسِحاً بيديه

تَجاعيدَ أمّي عندما كنتُ أخرُج

من حَوْضِها

بعضُهم قالَ: هذا مَلاكٌ

بعضُهم قالَ: شيطانُه تَراءى

قَبْلَ ميعادِه

بعضُهم آثر الصَّمْتَ خوفاً وَتَقْوى

كانتِ الكوفةُ الأليفةُ تدخُلُ في غُزْبة.

• صَعِدَ: صخرةٌ مَلِسَاء، يُكلّف الكافر صعودَها. ثم يُجذب من أمامه بِسلاسل ويُضرب من خلفه بمقامع حتى يبلغ أعلاها في أربعين سنة.

إذا بلغه، جُذِب إلى أسفلها، ثم يُكلّف الصعود مرّة أخرى. وهذا دأبه أبداً.

(«سَأُرهِقُه صَعوداً») [المُدّثر: ١٧]

(التفسير الكبير للرازي)

* للفراتِ، لدجلةَ، للغابرينَ لغاتٌ وشِعري إعجامُها وإعرابُها.

٩

ٱ

alif

La mémoire du narrateur

Dans une mémoire accouchant
de paroles et naissant
en elles
Engendrant les choses qui en elle
prennent naissance
Ignorant toute limite
entre le passé et le présent
naquit le poète

Dans du sable qui gravit un Ṣa ʿad
Dans un désert de langues,
naquit le poète
Il vécut, mais comme enfermé
dans un cercueil
Il voyagea, dans ce qui ressemble
toutefois à un cimetière
Dans un rite qui couvre l'année entière
vécut le poète
Rite pour le meurtre (et chaque jour
probablement y goûte)

Temps qui se vivait comme si les vents
du paradis en lui circulaient avec leurs
encriers
et les calames
Dans cette liturgie, le poète vit
la face de l'univers, éclaira son horizon
et commença à féconder au nom
de l'homme la poésie,
toute parole
et ce qu'engendrent les jours.

Ma grand-mère m'apprit : (les proches et les amis
    approuvaient)
Une chose chuta
effleurant de ses mains
les rides de ma mère lorsque je sortis
de son bassin
Quelques-uns dirent : c'est un ange
D'autres : son Satan
avant son temps aperçu
Et d'autres par crainte et piété optèrent pour
    le silence
tandis que la tendre Kûfa dans un exil s'enfonçait.

....

L'Euphrate, le Tigre et les anciens ont une langue
Son ambiguïté et sa clarté sont ma poésie.

Ṣa ʿad : un rocher lisse que le mécréant doit escalader.
Il est traîné, ensuite, par-devant par des chaînes, battu par-derrière par
des matraques jusqu'à ce qu'il atteigne au bout de quarante ans la cime.
Une fois arrivé, il est de nouveau précipité dans l'abîme, condamné
ensuite à remonter une seconde fois. Et ainsi de suite.

(« Je lui ferai gravir une pente rude »)
(Sourate 74 : 17)

(Râzî, Le grand Tafsîr.)

23

Adonis : Dans la version arabe ça se voit mieux, c'est plus ferme...

PJ : Vous voyez à peu près comment ça s'étale sur la page.

Adonis : Et donc c'est comme ça que je l'ai écrit et j'ai dit, voilà, mon histoire commence par cette destruction de ce qui revient [inaudible] historiquement parlant.

PJ : Il y a aussi une multiplicité de voix différentes...

Adonis : C'est un livre que j'ai travaillé beaucoup... Je n'aime pas parler de ce que j'ai fait... Je l'ai oublié...

PJ : [Rire]. Comment peux-tu oublier un livre de mille cinq cent pages ?

Adonis : [Rire]. Je pense à d'autres, à un autre livre.

PJ : [Rire]. Le prochain...

Adonis : Je me dis toujours : je n'ai rien fait, il faut faire autre chose, quelque chose de nouveau.

PJ : Intéressant, ça rejoint ce qu'on disait auparavant lorsqu'on parlait de toute cette aire d'expérimentation des cinq cent dernières années depuis l'invention de l'imprimerie. Voilà justement une façon de repenser le poème : par le film, par le cinéma, par une vision cinématographique, d'écran. Au lieu d'avoir la page blanche mallarméenne, tu as un écran aux possibilités différentes qui se présente.

Adonis : Absolument. Il y a un aspect expérimental dans ce livre et je ne suis pas contre l'expérimentation en pratique. Mais nos amis qui ont joué hier et qui sont maintenant partis m'ont donné des idées sur l'expérimentation. L'expérimentation, pour moi c'est nécessaire, mais ça risque de devenir un jeu… Ce n'est pas un jeu d'enfant, un jeu raisonné, un jeu voulu, donc un jeu un peu fabriqué. Si ça l'emporte, alors le travail ne va plus. Il y a ce risque que l'expérimentation l'emporte sur l'essentiel, sur la vision poétique, et je crois que l'expérimentation n'a pas beaucoup réussi ni chez nous les Arabes, ni en Occident. Parce que c'est devenu fabrication, c'est devenu jeu, c'est le jeu qui l'a emporté et il a tué tout ce qui est essentiellement poétique. Si on peut transformer le jeu et qu'il reste toujours poétique, ça peut aller. Mais pour l'instant je n'ai pas vu même en musique, surtout en musique, une expérimentation qui ait toujours la musicalité ou bien où c'est la poésie qui l'emporte. Même avec Cage.

PJ : Il y a des choses magnifiques et il y a d'autres choses qui ne marchent pas… Donc en fait, comme tu l'as fait pour *al-Kitab*, c'est sous la nécessité, sous la pression de ce qu'il y a à dire que tu as dû inventer une forme nouvelle pour pouvoir le dire.

Adonis : C'est surtout que la réalité, la chose, est plus riche — n'importe quelle chose — heureusement. Figurez-vous que le mot aurait épuisé la chose. Ça serait catastrophique, le monde serait fermé, définitivement. Ce sont seulement les religieux et les idéologues qui insistent pour que le mot, c'est-à-dire l'idéologie ou la religion, ait tout dit d'une manière définitive et parfaite pour qu'il n'y ait plus rien à dire. Ce qu'a dit Marx est définitif, ce qu'a dit Lénine est définitif, ce qu'a dit Mohamed est définitif. Heureusement que le mot ne peut pas épuiser une chose. C'est pourquoi le mot, toujours neuf, les choses, toujours nouvelles — il y a toujours la poésie devant nous.

PJ : Ce serait presque le mot de la fin mais j'aimerais quand même encore amener un mot que j'aime beaucoup, c'est le mot qui nomme l'hospitalité : *ziafah*, et que je vois comme centre de la poésie. J'ai écrit là-dessus, et Michel Deguy aussi l'a dit magnifiquement : la poésie est hospitalité. Elle permettrait donc à tous d'y entrer — d'y trouver refuge. Est-ce que cela pose question... On ne peut peut-être pas questionner en détail les relations de l'hospitalité et de la traduction maintenant. Mais, est-ce que d'après le concept de la *ziafah*, qui signifie l'hôte, le poème doit accepter tout ce qui vient vers le poème, qui demande refuge au poème ? Est-ce que la même loi sous-tend le poème ?

Adonis : Je crois que l'hospitalité c'est pour dire que moi en tant que moi, je n'existe pas sans ce passager qui est mon autre.

J'ouvre, je donne tout pour cet homme qui vient. L'autre, différent, est une dimension constitutive du moi. C'est ça le sens de l'hospitalité et c'est ça le sens de l'être humain. Le moi en tant qu'humain n'existe pas s'il n'y a pas l'autre. Et ça a révolutionné ou bien joué un très grand rôle dans la culture et la vision arabe areligieuse. On raconte que Hatem at-Ta'i, un homme de l'ère préislamique, disait à son esclave : « Allume le feu, peut-être que quelqu'un qui erre dans ce désert pourra le voir et il passera. Si tu peux faire venir quelque errant, tu seras libre. » Voilà l'hospitalité. Ces leçons c'est le rapport avec l'autre, tandis que l'autre dans la religion n'existe pas. Au contraire.

PJ : C'est en réfléchissant à ces choses-là que, dans un essai sur le nomadisme de la poésie, j'ai modifié la fameuse phrase de Rimbaud : « Je est un autre », en suggérant qu'aujourd'hui il faudrait dire : « Je est beaucoup d'autres ».

Adonis : Oui, peut-être qu'il faut repenser cette phrase aujourd'hui. Est-ce que Rimbaud a vraiment dit ce mot dans ce contexte ? Je ne crois pas. « Je est un autre » : il a dit cette phrase dans un autre contexte, dans le contexte de l'errance, de la perdition. Mais le mystique a dit dans un autre cas : l'autre c'est moi. C'est le contraire.

PJ : Les autres c'est moi — aujourd'hui. *Les autres*. Il faut sortir de ce singulier qui nous travaille. Pour sortir du singulier, on va ouvrir l'entretien et on va vous faire parler, du moins ceux qui voudraient poser une question ou dire quelque chose.

Adonis : L'essentiel, ce qui est beau dans la poésie, tant qu'on parle on sent qu'on n'a rien dit.

[Rires].

Epilogue A Plusieurs Voix

PJ : Y a-t-il d'autres voix qui voudraient ajouter quelque chose ?

Serge Pey : J'ai beaucoup de choses à dire évidemment. Mais la poésie c'est aussi cet amour qui existe entre les poètes, peut-être que les poètes écrivent pour les poètes. La poésie est une expérience et tout lecteur de poésie, s'il ne devient pas lui-même un poète, n'a pas accès à la poésie.

Adonis : C'est un créateur. Chaque lecteur de poésie peut être un créateur.

Serge Pey : Tout à fait. Et je me souviens lorsque j'avais vingt-et-un ans, il y a deux poètes qui m'ont aidé à marcher : René Char, je me souviens de sa lettre — je n'osais pas l'ouvrir. J'avais reconnu son écriture à travers les trous de ma boîte aux lettres. Et le second poète c'est Adonis, c'est toi, qui m'as préfacé ce livre complètement fou, qui s'appelle *Dieu est un chien dans les arbres*. Et tu me disais avec un titre pareil, on va se faire écharper dans le monde arabe.

Mais je veux dire que la poésie c'est l'autre, et c'est sur ce soleil noir que je peux parler. Parler de l'obscurité, qui a été le premier sujet de l'intervention, c'est important. On appelait Héraclite « Héraclite l'obscur » non pas parce qu'il était obscur et qu'il aimait la nuit mais parce qu'il n'y avait pas de ponctuation dans ses textes, donc le lecteur, l'autre, pouvait

lire et interpréter d'une façon différente le monde extraor-
dinaire de sa clairvoyance. Ibn Arabi, Celan, Héraclite, mais
aussi une partie de la poésie qui n'est pas expliquée et qui est
réfugiée dans l'ésotérisme, je songe à Oswald Wirth, qui disait
cette phrase magnifique qui m'a suivie toute la vie : « Pour le
téméraire qui ose regarder le soleil en face, pour lui, le soleil
est noir ». Et c'est dans ce contexte que nous pouvons inven-
ter, si vous voulez, et regarder, et la poésie c'est l'écartèlement
entre les pôles, c'est l'oxymore permanent, c'est cet équateur
qui va exister entre le pôle nord et le pôle sud de toute poésie.

Le poème, en fait, ne doit pas être compris, le poème sert
à comprendre, c'est un outil, un instrument qui sert à com-
prendre le monde. Il faut renverser cette idée de la compré-
hension lorsque nous sommes dans un poème. L'obscurité du
poème, si on utilise cette obscurité, qui est une expérience
fondamentale, pour regarder le monde, et bien c'est une
clairvoyance tout d'un coup, qui va exploser et qui va nous
faire vivre.

Pierre parlait de la modernité et de la narration... Moi je
ne suis pas moderne, je disais que j'aime tellement la tradition
que j'en invente une chaque jour et que ceci est ma définition
de la modernité. Chaque fois que j'écris un poème, j'écris un
rituel de la poésie, je fonde une tradition. Et peut-être que les
impasses de l'expérimentation font qu'elles ne fondent pas
d'expérimentation et qu'elles sont dans le jeu dont parlait
Adonis tout à l'heure.

La modernité, c'est aussi essayer d'être en adéquation avec
notre tradition et de la continuer. Qu'est-ce que c'est que la

modernité ? Et là je vais me trouver dans *Le mythe de Philo-mène* — c'est un livre que je vais publier bientôt, c'était ma thèse — et je viens de vérifier quelque chose qui m'a paru très important. Philomène — ce petit détail qui a son importance, a été violée, a eu une langue arrachée — qui sans langue va raconter son histoire, pour moi fonde la poésie puisqu'elle va écrire un texte sans parler, sans paroles, et qu'elle va être libérée par sa sœur... Et qui dans l'histoire va être changée en oiseau. Pour certains Grecs, Philomène a été transformée en hirondelle, pour d'autres comme Ovide, en rossignol, et donc pendant deux mille cinq cent ans jusqu'à aujourd'hui. Et je me suis rendu compte que l'hirondelle était une image, que l'hirondelle ne fait pas tant de bruit que ça, ne chante pas tellement, même si elle émet un gémissement de jouis-sance dans l'infini de sa course. L'hirondelle est un oiseau de la vision, alors que le rossignol on l'entend. Et qu'il y a une dialectique, entre une poésie, celle de l'œil et celle de l'oreille, qui est une dialectique fondamentale et qui peut séparer parfois toute une histoire de la poésie. Et l'erreur de la poé-sie me semble-t-il c'est de croire qu'elle n'est qu'une oreille. Et aujourd'hui on assiste à une transformation radicale, c'est une dialectique entre l'oreille et l'œil. Le surréalisme par exemple est aussi une poésie de l'hirondelle, de la vi-sion. C'est cette interpénétration, que je pourrais dévelop-per à l'infini, qu'il faut questionner à nouveau aujourd'hui.

PJ : En fait, tu as tout ça Serge, chez Ezra Pound qui a bien ex-pliqué déjà dans les années 20 du siècle dernier que la poésie a toujours — même si à des degrés différents selon le moment et l'endroit — consisté en trois éléments : la *phanopoieia*, qui a à voir avec la vision, donc avec l'œil, puis la *melopoeia*, le *melos*, le son, la musique, donc l'oreille, et la *logopoeia*, la pensée, l'intellect, cette faculté plus abstraite. Un poème doit être fait — et a toujours été fait de ces trois éléments, il y a synthèse, je pense, plus qu'une simple opposition dialectique entre vision et son.

Serge Pey : Et pour en finir, je crois que Pasolini a répondu en partie à ces choses-là, c'est un grand visionnaire, un grand poète aussi, qui fait de l'image, du cinéma, et en même temps qui écrit. Dans les *Écrits corsaires,* il dénonce déjà cette civilisation, cette société en train de pourrir où tout est à vendre et tout est à acheter. Il dit une chose qui m'a beaucoup frappé : « Le fascisme de Mussolini n'a pas réussi à détruire la poétique des jeunes de la banlieue romaine, alors qu'en dix ans de cette nouvelle société, cette société l'a détruite ». Pasolini parlait déjà d'un fascisme invisible.

Alem Surre-Garcia : Alors je vais peut-être aborder quelque chose de plus prosaïque parce que l'on est dans un lieu particulier. Ceux qui ont vécu cette journée jusqu'à maintenant se sont peut-être rendus compte que nous étions dans le brouillard tôt ce matin. Nous étions en quelque sorte invisibles au reste du monde. Puis peu à peu il y a eu en face les montagnes qui sont apparues, simplement le socle. Tout le reste était avec des nuages. [...] On est là avec les Pyrénées, en tout cas ce qui m'occupe toujours quand je suis à Toulouse, c'est de savoir si je vais voir les Pyrénées quand je passe le Pont Neuf ou que je suis sur les quais... Et le rapport que je peux avoir avec les Pyrénées, comme certains Toulousains, n'est plus simplement une barrière montagneuse qui peut être tout à fait belle, mais c'est parce que nous avons acquis de plus en plus de culture, c'est autre chose. C'est-à-dire qu'au-delà de mes origines familiales, je me dis : ah oui je suis là, derrière, au-delà, vers le sud. Mais en même temps je sais qu'après quatre siècles, le contact avec Al Andalous, c'est juste derrière les Pyrénées — du 8ème siècle au début du 12ème siècle, et même jusqu'au 13ème siècle. Et les terres de Toulouse étaient voisines de Al Andalous. Ça on l'a récupéré, parce que ça n'existe pas dans l'histoire de la France, l'histoire hexagonale.

Donc cette montagne qui pouvait être une barrière, tout à coup elle offre quelque chose d'extraordinaire, parce que si cette barrière a été vue par les romantiques français comme étant la fin de l'Occident et le début de l'Orient, l'Afrique étant au-delà des Pyrénées, aujourd'hui on se rend compte que peut-être, elles me disent ces Pyrénées : « Ah oui, je sais que mon Orient personnel est de l'autre côté ». Et que c'est peut-être un des Orients. Puisque nous essayons de dire depuis quelques temps les orients d'Occitanie. Non pas le singulier, qui n'existe pas. Il n'y a pas un Orient, sinon, dites-moi de quel Orient vous parlez ? Est-ce que c'est l'Orient arménien ou c'est le japonais ? De même l'Occident n'existe pas. Vous parlez de qui ? Vous parlez du Japon ou bien de l'argentin ou encore de l'indien des hauts plateaux d'Amérique Latine ? Quel est cet Occident ? Il y a des Occidents et il y a des Orients. C'est ça que peu à peu l'on découvre et la poésie, je pense, nous aide aussi à cela. Nous vivons avec une présence invisible qui induit une rencontre et une transformation.

Alors, pour terminer, il y a cette notion de *convivencia* que j'avais abordée et que nous reprenons aujourd'hui — il y a un itinéraire. C'était un historien du siècle dernier, Américo Castro, qui a reconsidéré Al-Andalous, et notamment la période du califat, donc le 9ème siècle, califat qui a été détruit par des intégristes de tous les ordres. Cette période-là était un essai de coexistence entre plusieurs cultures, plusieurs langues et plusieurs visions, plusieurs façons d'avoir une relation avec le divin. Cette notion de *convivencia* est passée par les Pyrénées, comme plein de choses passent par les Pyrénées depuis Saragosse, depuis la plus haute antiquité. Et nous avons repris cette notion de *convivencia*. Nous lui avons donné aujourd'hui une définition. Je vais rebondir par rapport à ce qui a été dit tout à l'heure. Cette définition est la suivante, d'abord en occitan : « Lo biais de viure amassa dins lo respièch de l'alteritat (en se e fòra de se) en tota egalitat ». C'est-à-dire : « L'art de vivre ensemble dans le respect de l'altérité (en soi et hors de soi) en toute égalité ». C'est un peu long mais c'est un art. Ça s'apprend de vivre ensemble, mais ce n'est pas suffisant. Est-ce que l'on est obligé de vivre ensemble, dans quelles conditions on vit ensemble ? Dans le respect de l'altérité. [...] Respect, surtout, de l'altérité de l'autre. Et on s'est aperçu qu'il y a quelque chose qui manque. Ce qui manque, et vous en avez parlé cet après-midi, c'est l'altérité en soi. C'est-à-dire l'autre, l'étranger, l'étrangeté que nous portons, qui peut être à la fois la face obscure, même nos pulsions sombres que l'on ne veut pas voir, mais ça peut être aussi nos jardins secrets, nos jardins intimes. Ça peut être aussi la part de l'ange qu'on appelle, ça peut être le sourire de l'ange, ça peut être le jardin de Dieu, ça peut-être plein de choses, ça peut être simplement les origines familiales qui viennent d'ailleurs et que j'essaie d'occulter. C'est tout ça cette étrangeté qui va me permettre de rencontrer l'étrangeté de l'autre, sinon l'autre va toujours rester autre et il n'y a aucune osmose. Et c'est pour ça que quand je vois les Pyrénées, c'est cette osmose qu'elles m'indiquent — n'oublie pas ça, n'oublie pas ça ! Merci.

Rainer J. Hanshe : Au contraire, pour que la vraie hospitalité existe, la différence doit toujours rester. En éliminant la différence, en atteignant une forme totale d'osmose comme vous semblez le proposer, l'autre est rendu similaire, le même, et ainsi l'autre n'est plus un hôte et s'ensuit une rature qui est au moins en partie violente. C'est donc une manière d'éliminer l'étrangeté.

Dans la suite de l'annonce de la mort de Dieu que Nietzsche a faite, il est dit qu'il y aurait une ombre de Dieu qui allait durer mille ans. Et que cette ombre, qui est le temps que nous vivons, c'est le nihilisme. A la place de la religion, Nietzsche créé sa philosophie de l'avenir. Avec laquelle il pense que nous ne pouvons pas vivre sans une forme de sacré. Pensez-vous que la poésie aujourd'hui peut remplacer la religion ? Est-ce qu'elle a besoin de quelques-unes des vieilles mythologies comme fondation ? Ou pouvons-nous créer, en tant que culture ou civilisation, de nouveaux mythes par lesquels vivre et donner forme à notre civilisation ?

Adonis : C'est une question posée sur nous toutes et tous ici, pas seulement sur moi. D'abord, je ne crois pas que la poésie cherche à remplacer la religion. Elle n'a rien à voir avec la religion. La religion est, comme je le dis et je le répète, une réponse définitive, alors que la poésie est une question perpétuelle. Il n'y a rien à voir entre la poésie et la religion. Ceci dit, je ne suis pas contre la religion en tant qu'expérience individuelle qui gère le rapport entre l'homme et l'au-delà. L'être humain est libre de croire, c'est un droit et il faut défendre ce droit et le respecter aussi. Mais je suis contre la religion en tant qu'institution. Institutionnaliser une croyance et l'imposer par la force sur toute une société, c'est contre ça qu'on doit être tous et toutes. Je ne crois pas qu'il y ait un rapport entre la poésie et la religion.

Rainer J. Hanshe : Ce n'est pas à la religion en tant que réponse définitive que je pense, et Nietzsche non plus, mais en tant que technologie sacrée de l'esprit qui reste *ouverte*, en tant que mythos *ouvert* et que plus tard Bataille, Blanchot et Klossowski, pour mentionner trois figures françaises, ont continué à penser et à reformuler (dans *Acéphale*, et dans leurs œuvres en général) cette question avec une profondeur et subtilité considérables. Les religions polythéistes ne sont pas problématiques dans le sens dont vous semblez penser avec persistance la religion. La poésie est certainement personnelle, mais comme Octavio Paz le dit, « la religion et la poésie tendent toutes deux vers la communion; toutes deux commencent dans la solitude et essaient, au moyen de nourriture sacrée, de briser cette solitude et de retourner l'homme à son innocence. » « La poésie, » dit-il plus loin, est « une forme secrète — illégale, irrégulière — de la religion: une hétérodoxie, pas parce qu'elle n'accepte pas le dogme, mais parce qu'elle se manifeste en privé et très souvent de manière anarchique. »

PJ : Est-ce qu'on pourrait créer, est-ce que le poète pourrait créer un mythe qui aiderait à …

Adonis : Peut-être. On ne peut pas créer un mythe comme les mythes anciens mais peut-être peut-on peut créer d'autres mythes différents. Mais dans ce cas, qu'est-ce que ça veut dire mythe ? Quelque chose qui serait accepté par tout le monde comme une institution ? Pourquoi ? La poésie c'est une affaire individuelle. C'est une affaire personnelle entre des personnes indépendantes, elle n'a pas une vision collective, elle n'a pas pour visée d'institutionnaliser des idées ou bien des pensées. C'est comme si vous demandiez qu'est-ce que peut faire l'amour ? L'amour est la plus haute expérience de l'être humain. Comme la poésie est la haute expression de l'être humain. Et qu'est-ce que peut faire l'amour, qui est plus profond et plus organique ? Qu'est-ce qu'il peut faire ? Il peut seulement continuer.

En plus je ne suis pas tout à fait d'accord avec les questions qui supposent qu'il y a des solutions quelque part et qu'il suffit de nommer ces solutions pour se débarrasser de tous nos problèmes. Il n'y a pas de solutions. La solution existe en vivant, en analysant et en rêvant notre existence. C'est-à-dire que s'il y a des solutions, ça vient du problème lui-même, de l'analyse de ce problème et de la compréhension de ce problème. Et je crois qu'en ce monde actuellement, personne ne voit ce qu'il fait lui-même. On voit toujours ce que fait l'autre. J'aimerais voir quelqu'un, dans le domaine de la politique surtout, cette politique actuelle qui détruit le monde tout entier, quelqu'un qui dirait : « voilà, j'ai fait des erreurs ». Je ne vois personne. Alors que toute la politique du monde actuel est fondée sur des erreurs. Toujours l'autre : la Russie est le coupable, l'Américain est le coupable. La Chine est le coupable. Toujours. C'est l'autre qui est coupable et moi qu'est-ce que j'ai fait, moi ? Je fais rien. Je suis pur et l'autre est le diable. La poésie n'a rien à voir avec ce monde qui est essentiellement faux et antihumain. Elle essaye de créer un autre monde. Il vaut mieux comprendre ce monde dans lequel nous vivons. Seulement, un regard sur la géographie actuelle du monde... Est-ce un monde humain ? Seulement un regard. Le problème est là, à mon avis. Et personne n'est responsable, c'est l'autre, mais qui est l'autre, les autres ?

Chacun dit c'est l'autre et donc il y a un chaos actuel dans le monde. Je ne sais pas où nous allons avec ce chaos.

LES ARTS
LILY À
L'ŒUVRE

Fresque église de Moot G'OdE

LES PORTEURS DE MOTS
ÉVÉNEMENT POÉLITIQUE
DU 23 AU 25 JUIN 2017
Germ-Louron / Hautes-Pyrénées

J'ai découvert que toute notre histoire était falsifiée,
fabriquée de toutes pièces
et que ceux qui avaient créé la civilisation arabe et sa grandeur
furent bannis, condamnés, rejetés, emprisonnés, voire crucifiés.
Il faut relire cette civilisation et la revoir autrement :
avec un nouveau regard et avec une nouvelle humanité.

Adonis

Cet événement est proposé par les associations Accueil sans Frontière et Perspectives
dans l'intimité du village de Germ-Louron.
Pour tendre vers ce qui peut naître de neuf en nous de la rencontre.

VENDREDI 23 JUIN

18H15. LES ORIENTS D'OCCITANIE : SYR AL KOMS OU LA SYRIE DU COMTE

Introduction à la rencontre par **Alem Surre Garcia**

Depuis 30 ans, Alem Surre Garcia (écrivain, conférencier) relie les deux rives de la Méditerranée et témoigne des relations profondes entre l'Occitanie et le Moyen-Orient.

19H. TRIO BALONI

Joachim Badenhorst : clarinette, saxophone tenor
Frantz Loriot : violon
Pascal Niggenkemper : contrebasse

La musique de ce trio offre une véritable cure de jouvence à l'improvisation musicale. Une musique de funambules, vertigineuse, à l'affût du grand saut dans l'inconnu. Une musique émancipatrice.

Entrée : 6 €. Tarifs réduits et adhérents : 5 €

19H45. REPAS AU CENTRE DE MONTAGNE (sur réservation)

21H. HISTOIRE QUI SE DÉCHIRE SUR LE CORPS D'UNE FEMME

Sarah Jalabert : conception et interprétation
Alexis Kowalczewski : création musicale, batterie, percussions

D'après le poème d'Adonis (édition Mercure de France) - 1h30

C'est la voix d'une femme que l'on entend, une voix de femme dans le désert.
Cette femme est Agar. La servante de Sara, femme d'Abraham.
Sara, stérile, envoya son époux vers Agar pour que celle-ci lui donne l'enfant qu'elle n'a pas.
D'elle naît Ismaël, père des Arabes. Ensuite, selon la promesse divine, Sara est à son tour enceinte d'Abraham. Elle met au monde Isaac, père des Juifs et des Chrétiens.
Tous ont le même ancêtre, Abraham.
La rivalité, la jalousie, le souci de l'héritage, pousseront Sara à faire exiler Agar, à qui Abraham donne du pain et de l'eau pour qu'elle s'en aille dans le désert, avec son fils.
Le spectacle est cette plainte et cette révolte : comment une femme, dans l'exil des interdits qui pèsent sur elle, des dominations et des répressions en tout genre, parle dans le cours poétique d'une mélopée, de son désir qui ne s'éteint pas mais qui a tout juste commencé à lui enseigner l'existence sauvage de son propre corps, son corps qui n'est pas séparé d'elle, mais qui est tout aussi bien elle-même ?
Agar devient alors la voix de toutes les femmes, la voix de La femme, telle qu'elle est nommée dans le poème. Si bien que cette femme, cette voix de femme dans le désert, peut devenir celle de toutes les femmes opprimées dans leur désir. Car, que dit cette femme ? Elle dit qu'elle aime. Et qu'elle désire. Elle parle de son corps. De la vie, puissante, d'un corps de désir.
Corps en exil d'où sort une parole de corps amoureux.

Entrée : 8 € / Tarifs réduits et adhérents : 6 €

SAMEDI 24 JUIN

10H.12H / 15H.17H30 LA RELIGION EST UNE RÉPONSE, LA POÉSIE EST UNE QUESTION

Adonis © BAHGET ISKANDER

Entretien avec le grand poète Adonis, animé par Pierre Joris (poète, traducteur, anthologiste et essayiste)

Cinq heures d'entretiens. Une question centrale : Comment nos pratiques artistiques - poésie, musique, performance - infiltrent et déplacent nos champs d'actions, culturels et autres ?

Ce n'est pas seulement en islam que la femme est reléguée à l'arrière-fond, mais dans tous les monothéismes. Comment ouvrir le champ au féminin mais sans jouer sur un binaire mâle-femelle ? Comment créer un espace expansif plutôt que extensif, un espace qui reste question. Que peut-être une spiritualité a-religieuse ? Comment une pensée soufi, peut-elle servir le poète aujourd'hui ? Élargissons notre aire de recherche vers des poésies venues d'ailleurs, et donc vers la nécessité et le rôle central de la traduction.

Envisager un avenir de la poésie au regard de ce que nous apprend la poésie arabe et aux rapports qu'elle entretient avec les avant-gardes occidentales.

Entrée: libre participation

12H. PERFORMANCE DE CHIARA MULAS ET SERGE PEY (POÉSIE D'ACTION)

13H. REPAS AU CENTRE DE MONTAGNE (sur réservation)

18H. TOMBEAU POUR NEW YORK OU « LE MONDE A BESOIN DU DÉLUGE »

**Hamed Bouzzine : interprétation - Maud Vareillaud Bouzzine : scénographie
William Bouzzine : environnement sonore**

D'après le poème d'Adonis (éditions Actes Sud) - 1h15

« Tombeau pour New York » surgit de la relation de l'homme au monde, là ou disparaissent les frontières de l'histoire et de la géographie, là où s'effacent les cloisonnements, ne laissant place qu'à la primauté du verbe : « toute chose vient à la terre par le chas du mot : insecte, dieu, poète ».
Le poète était souvent assimilé au devin. Ainsi Adonis, homme de rupture avec les traditions poétiques anciennes, renoue les liens qui l'unissent au souffle initial. En 1971, à l'écriture du texte, il était loin de s'imaginer que Beyrouth subirait le sort de la guerre civile et deviendrait ville-victime, et que le monde actuel souffrirait de la destruction de l'Irak et de la Syrie, d'Alep, de Mossoul, de Gaza.
C'est par cette transcendance qu'Adonis suggère que loin d'esquiver l'actualité ou la réalité, la poésie sert à éclairer et à épurer son creuset : la guerre du Vietnam devient toutes les guerres, l'Indien d'Amérique en Palestine tous les exilés.
Adonis, tel un nouvel « Homère », éclaire éternellement ses contemporains. Visionnaire, il dresse à travers « Tombeau pour New York » l'esquisse des relations internationales que nous déplorons aujourd'hui. Ce spectacle est comme un récit épique contemporain, où souffle le vent de l'histoire qui nous murmure le présent.

Entrée : 8 € / Tarifs réduits et adhérents : 6 €

21H. CARTE BLANCHE À ADONIS

Avec la participation de nos invités
Entrée : 10 € / Tarifs réduits et adhérents : 8 €

DIMANCHE 25 JUIN

10H30. ECHOS... CLÔTURE DES RENCONTRES. LECTURES POÉTIQUES

Avec la participation de nos invités

12H. SALVADOR PATERNA, GUITARE FLAMENCA ET LUTH SOLO

« Salvador Paterna, du plus sensuel au plus dénudé, sait. Il sait, habité par une lumière, qu'existe cette autre étrange vibration du noir venue en plein jour ». Marielle Merly

13H. REPAS AU CENTRE DE MONTAGNE (sur réservation)

INVITÉ(E)S Adonis, William Bouzzine, Arwad Esber (directrice de la Maison des Cultures du monde - Paris), Jacme Gaudas, Rainer Hanshe (édition Contra Mundum Press), Patricia Huchot Boissier (photographie), Sarah Jalabert, Pierre Joris, Alexis Kowalczewski, Chiara Mulas, Saïd Nifeur (poète-slameur), Salvador Paterna, Serge Pey (poète), Nicole Peyrafitte (poète), Alem Surre Garcia, Maud Vareillaud Bouzzine

Arreau
15 min

St Lary
30 min

Loudenvielle
10 min

Germ

Peyragudes
10 min

Luchon
25 min

Repas midi et soir / 05 62 39 23 03
Hébergement
Centre de Montagne de Germ / 05 62 99 65 27
Auberge de Germ / 05 62 40 03 97

LILY

Le village
65 240 Germ-Louron
FRANCE

RÉSERVATION
pour les spectacles et rencontres

05 62 39 23 03

f chezlilypop

www.lilygerm.com

Acknowledgement

We would like to extend our gratitude to Franck Morinière and everyone at Chez Lily, Germ-Louron, France, for their gracious hospitality during Les Porteurs de Mots, Événement Poélitique, the event out of which this book was born.

The three days in the Hautes-Pyrénées in late June of 2017 were memorable, immersed as we were in ever-shifting conditions of fog, sun, and questions at the elevation of 4,000 to 9,000 feet. Amongst recitations, performances, and resplendent feasts where poets, performers, actors, and musicians gave completely of their selves in an atmosphere of conviviality and searching that would not have been what it was were it not for the participation of everyone involved, including those who listened with attentiveness and responded with further questions and thoughts as they wrestled with poetry, religion (the sacred), and politics.

Appreciation is also due to those involved in the practical construction of this book: to Maxime Morinière for his transcription work, to Eline Marx for helping to refine the transcription of the French part of the book, to Patricia Huchot-Boissier for her exquisite photographs, and to Nicole Peyrafitte for her mythic paintings, images which take us back to our mythic past and signal to how we may live with such myths in the present, for they remain inextricable elements of our lives. Most particularly, gratitude is due to Adonis & Pierre Joris, for everything, and for their urge not to answer, but to continue to think and to question.

COLOPHON

CONVERSATIONS IN THE PYRENEES

was handset in InDesign CC.

The text & page numbers are set in *Adobe Garamond Premiere*.
The titles are set in *Adobe Garamond Premiere*.

Book design & typesetting: Alessandro Segalini
Cover design: Contra Mundum Press
Images: Patricia Huchot-Boissier

CONVERSATIONS IN THE PYRENEES

is published by Contra Mundum Press.
Its printer has received Chain of Custody certification from:
The Forest Stewardship Council,
The Programme for the Endorsement of Forest Certification,
& The Sustainable Forestry Initiative.

Contra Mundum Press   New York · London · Melbourne

CONTRA MUNDUM PRESS

Dedicated to the value & the indispensable importance of the individual
voice, to works that test the boundaries of thought & experience.

The primary aim of Contra Mundum is to publish translations of writers who in their use of form and style are *à rebours*, or who deviate significantly from more programmatic & spurious forms of experimentation. Such writing attests to the volatile nature of modernism. Our preference is for works that have not yet been translated into English, are out of print, or are poorly translated, for writers whose thinking & æsthetics are in opposition to timely or mainstream currents of thought, value systems, or moralities. We also reprint obscure and out-of-print works we consider significant but which have been forgotten, neglected, or overshadowed.

There are many works of fundamental significance to *Weltliteratur* (*& Weltkultur*) that still remain in relative oblivion, works that alter and disrupt standard circuits of thought — these warrant being encountered by the world at large. It is our aim to render them more visible.

For the complete list of forthcoming publications, please visit our website. To be added to our mailing list, send your name and email address to: info@contramundum.net

Contra Mundum Press
P.O. Box 1326
New York, NY 10276
USA

THE FUTURE OF KULCHUR
A PATRONAGE PROJECT

LEND CONTRA MUNDUM PRESS (CMP) YOUR SUPPORT

With bookstores and presses around the world struggling to survive, and many actually closing, we are forming this patronage project as a means for establishing a continuous & stable foundation to safeguard our longevity. Through this patronage project we would be able to remain free of having to rely upon government support &/or other official funding bodies, not to speak of their timelines & impositions. It would also free CMP from suffering the vagaries of the publishing industry, as well as the risk of submitting to commercial pressures in order to persist, thereby potentially compromising the integrity of our catalog.

CAN YOU SACRIFICE $10 A WEEK FOR KULCHUR?

For the equivalent of merely 2–3 coffees a week, you can help sustain CMP and contribute to the future of kulchur. To participate in our patronage program we are asking individuals to donate $500 per year, which amounts to $42/month, or $10/week. Larger donations are of course welcome and beneficial. All donations are tax-deductible through our fiscal sponsor Fractured Atlas. If preferred, donations can be made in two installments. We are seeking a minimum of 300 patrons per year and would like for them to commit to giving the above amount for a period of three years.

WHAT WE OFFER

Part tax-deductible donation, part exchange, for your contribution you will receive every CMP book published during the patronage period as well as 20 books from our back catalog. When possible, signed or limited editions of books will be offered as well.

WHAT WILL CMP DO WITH YOUR CONTRIBUTIONS?

Your contribution will help with basic general operating expenses, yearly production expenses (book printing, warehouse & catalog fees, etc.), advertising & outreach, and editorial, proofreading, translation, typography, design and copyright fees. Funds may also be used for participating in book fairs and staging events. Additionally, we hope to rebuild the *Hyperion* section of the website in order to modernize it.

From Pericles to Mæcenas & the Renaissance patrons, it is the magnanimity of such individuals that have helped the arts to flourish. Be a part of helping your kulchur flourish; be a part of history.

HOW

To lend your support & become a patron, please visit the subscription page of our website: contramundum.net/subscription

For any questions, write us at: info@contramundum.net